Historias perdidas

león krauze

Historias perdidas

D. R. © 2011, León Krauze

De esta edición:
D. R. © Santillana Ediciones Generales, S.A. de C.V., 2011.
Av. Río Mixcoac 274, Col. Acacias
C.P. 03240, Del. Benito Juárez., D.F.
Teléfono (55) 54 20 75 30
www.editorialaguilar.com

Diseño de cubierta: Fernanda Gutiérrez Kobeh
Diseño de interiores: Patricia Pérez

Primera edición: junio de 2011
Tercera reimpresión: octubre de 2011

ISBN: 978-607-11-1094-7

Índice

Para Erika y Mateo, mi historia encontrada.

El cuerpo perdido de
Alejandro Magno

En la antigüedad, pocas figuras fueron tan veneradas como Alejandro III de Macedonia, mejor conocido como Alejandro Magno. Quizá el conquistador más osado y brillante que haya dado el mundo. Alejandro fue visto como un Dios durante sus casi treinta y tres años de vida. Después de su muerte, su féretro y su mausoleo fueron reverenciados por todas las grandes figuras de su época y muchas de las posteriores. Durante cien años, desde Cleopatra hasta el mismísimo Julio César rindieron tributo al gran conquistador macedonio en su tumba en la ciudad egipcia de Alejandría, bautizada en honor al que fue, hasta entonces, el hombre más célebre de la historia. La manera como llegó el cuerpo hasta Alejandría y, todavía más, la historia perdida de las ruinas del mausoleo y el destino final de los restos del célebre explorador es, para muchos, uno de los mayores misterios arqueológicos de la humanidad.

Durante su vida, Alejandro Magno conquistó buena parte del mundo antiguo, teniendo la osadía de mirar no hacia el occidente —como era costumbre— sino hacia el mundo inhóspito y desconocido del oriente. Gracias a la valentía de Alejandro, el ejército macedonio conquistó fronteras hasta entonces inalcanzables: el este de la moderna Europa, Persia, todo lo que hoy es Medio Oriente, Egipto y el norte de lo que ahora conocemos como África, incluso la India. La fama de Alejandro Magno lo convirtió, sin duda, en el primer gran héroe militar del mundo clásico. Sus hazañas y sus triunfos fueron materia de leyenda. Por eso, cuando murió a la corta edad de treinta y dos años en Babilonia, sus restos mortales se volvieron un tesoro. Varios monarcas de distintas tierras se disputaron el cuerpo del gran Alejandro de Macedonia. Lo que ocurrió con el cadáver en los siguientes días —y en los siguientes siglos— es un misterio digno de contarse.

En el momento exacto de la muerte de Alejandro Magno en Babilonia, el 13 de junio del año 323 antes de Cristo, la gente que lo rodeaba decidió embalsamar el cuerpo, una práctica poco común en Babilonia pero que denotaba la enorme importancia del muchacho, aún muy joven, que recién había fallecido. Y es que aquel no era cualquier hombre: Alejandro III de Macedonia había sido un genio militar, el primer gran conquistador y emperador universal, héroe de mil batallas. La preservación del cuerpo de Alejandro desató una guerra por poseer los restos mortales. En aquel tiempo, enterrar al gobernante difunto era un acto simbólico de gran importancia para cualquier aspirante a la sucesión. Se dice que los deseos de Alejandro eran ser enterrado en el templo de Zeus en Siwa, en el oeste de Egipto, una tierra que había conquistado y amado.

En cualquier caso, a final de cuentas, fue Tolomeo I, soberano de Egipto y compañero de armas de Alejandro, quien finalmente adquirió control del cuerpo.

Para llevar los restos del gran conquistador hasta tierras egipcias, Tolomeo mandó construir un enorme carruaje dorado que tardó más de dos años en terminarse. De acuerdo con algunas versiones, el primer destino del cuerpo embalsamado de Alejandro Magno fue la hermosa ciudad de Menfis, en el norte egipcio. Pero eso duró poco. Con toda seguridad, el cuerpo fue trasladado al poco tiempo a la ciudad egipcia que el propio Alejandro había fundado, la cuna de la mítica biblioteca, una ciudad iluminada por un faro no menos legendario: Alejandría.

Alrededor del año 282 antes de Cristo, Filadelfo, hijo de Tolomeo I, soberano de Egipto, llevó el cuerpo de Alejandro Magno hasta Alejandría, el hermoso puerto que Alejandro había fundado décadas atrás. Una vez en Alejandría, la dinastía tolemaica mandó erigir un mausoleo para recibir el cuerpo del conquistador y los de los miembros de la propia dinastía de gobernantes egipcios. El edificio, conocido como Soma, estaba en el noreste de Alejandría y probablemente tenía una forma circular al estilo griego. Ese edificio legendario recibió la visita de incontables personalidades de la época, que veían a Alejandro Magno, quien se dice descansaba dentro de un ataúd de oro puro, como un auténtico guía, la versión antigua de un iluminado. Para los emperadores romanos, por ejemplo, la visita a la tumba de Alejandro Magno representaba una especie de peregrinación religiosa. Visitar la tumba de Alejandro era, en cierto sentido, como visitar la tumba de Napoleón, el Vaticano y el Santo Sepulcro de Jesús en un solo sitio: el lugar de descanso de un hombre que fue, en vida, líder militar, figura religiosa y, para quienes lo adoraban, una versión de Dios.

El mausoleo alejandrino se mantuvo en pie durante quinientos años. Pero su destino sería muy triste. Alrededor del año 300 de nuestra era, con el imperio romano debilitado, una serie de rebeliones incendiaron Egipto. Alejandría fue severamente dañada. De acuerdo con algunas teorías, fue durante estos disturbios que el mausoleo de Alejandro Magno fue derruido brutalmente. Hay otras versiones que indican que el final del mausoleo llegó por causas naturales en un gran terremoto en el año 365 de nuestra era. Lo cierto es que, desde entonces, nadie sabe a ciencia cierta dónde se encuentran las ruinas de la enorme tumba de Alejandro Magno en Alejandría. Para algunos, la única manera de hallarlas sería emprender una excavación muy profunda en las zonas más pobladas de la moderna Alejandría: una tarea casi imposible. Quizá nunca sabremos dónde estaba realmente el monumento mortuorio más famoso durante casi seiscientos años de la historia humana. Pero, ¿qué fue de los restos mortales de Alejandro, qué fue del cuerpo del gran conquistador? Eso tiene su propio misterio.

Para el año 400 de nuestra era, con el imperio romano en franca decadencia, el culto a Alejandro Magno poco a poco se volvió cosa del pasado. Ya sea por causas naturales o humanas, su enorme mausoleo en Alejandría se convirtió en un montón de ruinas, olvidadas para siempre en el subsuelo de la hermosa ciudad fundada por el propio conquistador macedonio siglos atrás. Pero el misterio no acaba ahí. La leyenda cuenta que, de alguna manera, el cuerpo embalsamado de Alejandro Magno sobrevivió a la destrucción de su tumba para seguir entre nosotros, más de dos mil años después de la muerte del emperador.

¿Será posible que los restos mortales del primer conquistador universal estén escondidos en algún lugar del mundo?

Para resolver el misterio primero hay que seguir la historia. De acuerdo con diversos mitos, el cuerpo de Alejandro Magno fue rescatado por un grupo de sus seguidores y transportado, dentro de un sarcófago, a un lugar desconocido de la propia ciudad. El misterio se vuelve aún más fascinante si tomamos en cuenta el testimonio de Ambroise Schilizzi, un guía de turistas local, quien, en 1850, aseguró haber visto un cuerpo embalsamado dentro de un ataúd de cristal en una zona prohibida de la mezquita de Nabi Daniel en Alejandría. De acuerdo con Schilizzi, al asomarse por un pequeño hueco en una puerta de madera pudo ver un cuerpo en perfecto estado. Estaba completamente rodeado de papiros. Este último detalle es importante porque hay versiones que indican que un emperador romano guardó papiros de importantes obras egipcias con el cuerpo de Alejandro. Aún así, la versión de Schilizzi es difícil de comprobar. Hay otra posibilidad, ésta más extraordinaria que cualquier otra, para explicar el paradero del cuerpo de Alejandro Magno.

Si el cuerpo de Alejandro Magno sobrevivió a la destrucción del mausoleo construido en su honor por la dinastía tolemaica en Alejandría, algún dato debe existir sobre un cuerpo fielmente preservado y de gran importancia en los registros que aún tenemos del siglo v de nuestra era. De acuerdo con varios historiadores, la posibilidad de que los restos del gran conquistador hayan sobrevivido son grandes, sobre todo si se toma en cuenta el cuerpo de San Marcos. En una coincidencia increíble, la historia registra cómo, justo en el siglo V en Alejandría, aparecieron los restos momificados de San Marcos el

Evangelista, fundador del cristianismo en la célebre ciudad egipcia. Y aunque también hay versiones de que el cuerpo de San Marcos fue quemado por los paganos, lo cierto es que los restos de ese hombre misterioso están guardados hoy en día debajo del altar de uno de los edificios más hermosos en la historia religiosa de la humanidad: la majestuosa Basílica de San Marcos, en Venecia.

Varios especialistas han pedido a las autoridades venecianas que realicen todos los estudios pertinentes para saber si el que descansa en el subsuelo veneciano es San Marcos o más bien se trata de Alejandro III de Macedonia, el mítico Alejandro Magno. Para sorpresa de nadie, en el 2005, el procurador de San Marcos aseguró que, para la Iglesia, no hay ninguna necesidad de estudio alguno: el cuerpo en Venecia es de San Marcos y no hay mayor discusión. Desde entonces, varias peticiones se han hecho al respecto. La respuesta ha sido, siempre, negativa. ¿Qué pasaría si la Iglesia autorizara un simple estudio al cuerpo que descansa en San Marcos? ¿Tendríamos entre las manos los restos de Alejandro Magno? Sólo la historia, y la posible apertura del criterio eclesiástico, dirán.

Amityville:
la casa embrujada más famosa del mundo

En el mundo sobran historias perdidas de casas embrujadas, mansiones que guardan recuerdos de algún suceso trágico ocurrido en el pasado. Pero ninguna es tan famosa, ni cuenta una historia tan escalofriante, como la casa que se encuentra en el número 112 de la Avenida Ocean en el tranquilo pueblo de Amityville en el estado de Nueva York. Es ahí donde, en 1974, un joven de escasos veintitrés años llamado Ronald De Feo asesinó salvajemente a su familia. La historia de los asesinatos, la explicación que diera Ronald De Feo y, más todavía, el aterrador relato de los espíritus malignos que atormentaron a la siguiente familia que habitó la casa de la Avenida Ocean, dan vida a una auténtica pesadilla.

La historia comenzó en 1965, cuando la familia De Feo se mudó a la casa que, años después, se convertiría en su tumba. Los De Feo tenían cinco hijos que, hasta 1974, habían crecido felices. Nada en la infancia de los pequeños podía augurar el destino inenarrable que les aguardaría con el paso de los años. La tragedia ocurrió el 13 de noviembre de 1974 cuando Ronald, el hijo mayor de los De Feo, tomó la escopeta de su padre, caminó hasta los cuartos de sus hermanos y sus padres y los mató, de un disparo, a sangre fría, mientras dormían. La comunidad de Amityville se conmocionó: nadie podía creer lo que había ocurrido. Pero la incredulidad daría paso al terror cuando Ronald de Feo explicó por qué había asesinado a su familia entera sin ningún miramiento. De acuerdo con el joven De Feo, voces misteriosas y demoniacas lo habían perseguido en esa casa por años, incitándolo a cometer el peor crimen imaginable. De Feo aseguraba que las voces finalmente lo habían poseído y enloquecido. La justicia no le creyó: fue condenado a cadena perpetua. Pero la historia apenas comenzaba. Menos de un año después, una nueva familia trataría de formar un hogar en la casa del número 112 de la Avenida Ocean. Y los resultados serían tan o más escalofriantes que la masacre de la familia De Feo.

Después de los asesinatos brutales de noviembre de 1974, la mansión de la familia De Feo en Amityville fue puesta a la venta a precio de oferta. Durante un tiempo, nadie la quiso. Luego, alguien vio en el lugar una ganga. Para una pareja con poco tiempo de casados, la oportunidad de habitar una casa magnífica a un precio cómico resultó simplemente irresistible. George y Kathy Lutz decidieron comprar la residencia que había pertenecido a los De Feo a pesar de conocer plenamente la historia trágica recién ocurrida. Su muestra de valentía sería realmente un gravísimo error.

Los Lutz se mudaron a la casa, con sus tres hijos, apenas un par de meses después de ocurridos los asesinatos. A partir de entonces, su vida se convirtió en un infierno. Desde el principio y prácticamente sin parar, experimentaron una larga lista de fenómenos sobrenaturales. Extraños sonidos y olores horribles les dieron la bienvenida desde la primera noche. A los pocos días, una de las hijas del matrimonio aseguró haber conocido a una amiga imaginaria llamada Jodie, que le hacía dibujar imágenes sangrientas. De acuerdo con los Lutz, las paredes y los pisos se llenaban, de pronto, de una sustancia negra y viscosa que desparecía por sí sola. George Lutz en particular parecía estar a punto de enloquecer. Su comportamiento cambió en menos de un mes. De ser un hombre tranquilo, Lutz se convirtió en un energúmeno, capaz de violentos arranques a la menor provocación. Cuando los Lutz cumplieron los primeros 28 días en su nueva casa, el terror fue demasiado. Justo a las 3:15 de la mañana, la hora exacta en que Ronald de Feo había cometido los asesinatos apenas tres meses antes, George Lutz se despertó agitado. De inmediato sintió una enorme fuerza sobre él, impidiéndole el movimiento. Su cama y las de sus hijos comenzaron a agitarse violentamente. A los pocos minutos, Lutz logró liberarse y sacó a su familia de la casa, sin nada más que la ropa que llevaban puesta. Aquella experiencia aterradora los convenció de que, quizá, la historia que había contado Ronald De Feo para justificar sus acciones no era, después de todo, una mentira. Sorprendidos, quisieron ayudar. Lo primero que hicieron fue buscar al abogado defensor de De Feo. Una historia increíble estaba por comenzar.

La leyenda de la misteriosa casa en el número 112 de la avenida Ocean en Amityville se volvió mucho más extraña cuando, en 1975, la familia Lutz se acercó al abogado de Ronald De Feo para contar su historia. El abogado se dio cuenta del potencial de los aterradores episodios. Al poco tiempo, el mes que los Lutz habían pasado en la casa llegó a las primeras planas de todos los periódicos en Estados Unidos. Como era previsible, la prensa se arremolinó alrededor de la familia Lutz. La casa de Amityville no tardó en convertirse en un sitio célebre, centro de incontables peregrinaciones morbosas. Sus ventanas y altas paredes se convirtieron en protagonistas de cientos de pesadillas. Parecía como si la propia casa fuera la villana de la historia, protagonista del mal. El prestigiado canal 5 de televisión en Nueva York comenzó su propia investigación. Para llevarla a cabo pidieron la ayuda de dos reconocidos expertos paranormales: Ed y Lorraine Warren. La experiencia de los Warren en el mundo de lo sobrenatural era realmente amplia; ambos decían haber participado en más de cincuenta exorcismos. Lo que encontraron entre las paredes de la casa de Amityville aterrorizó a una nación entera.

Lo primero que hicieron los investigadores de lo paranormal fue organizar una sesión espiritista dentro de la mansión. De acuerdo con Lorraine Warren, la energía de aquella casa era la peor y más oscura que había enfrentado: "Es lo más cerca que he estado a la maldad pura y al infierno", dijo Lorraine durante la sesión espiritista. Al día siguiente, cuando los fotógrafos revelaron sus imágenes, una en particular mostró algo inexplicable. Ahí, asomándose detrás de una puerta, estaba un niño. La imagen del niño y la reacción de la señora Warren a la energía demoniaca de la casa no hicieron más que incrementar el interés del mundo periodístico por la mansión de la avenida Ocean y por la familia Lutz. Una pregunta dominaba las especulaciones: ¿quién o qué embrujaba la casa? ¿Exactamente qué espíritu había hecho enloquecer a Ronald De Feo y había estado cerca de conseguir lo mismo con George Lutz? Apenas unos meses después, otro par de expertos espiritistas visitarían la casa de Amityville. Lo que encontrarían sería, para muchos, la clave para entender la posesión demoniaca en el número 112 de la Avenida Ocean.

El abogado de Ronald De Feo fue el siguiente en contratar a investigadores de lo paranormal para tratar de descubrir qué había detrás de las paredes blancas de la casa embrujada de Amityville. Los elegidos fueron el experto Hanz Holzer y la médium Ethel Johnson. Apenas entraron a la casa, Holzer y Johnson comenzaron a describir con detalle la presencia de un fantasma profundamente encolerizado. Johnson lo identificó como el espíritu de un jefe indio que había sido enterrado debajo de la propiedad. De acuerdo con Johnson, la casa había sido construida sobre un cementerio sagrado. Johnson describió al indio como un hombre muy poderoso con una habilidad especial para manipular la voluntad de hombres jóvenes. "El jefe indio puede convencer al hombre de lo que quiera, incluso de matar con violencia", explicó en su momento la médium Ethel Johnson. El escándalo creció cuando, en 1979, la historia de la casa llegó al cine. *El horror de Amityville* fue un éxito de taquilla y colocó a George y Kathy Lutz en la incómoda posición de estrellas mediáticas. Las cosas se complicaron cuando la siguiente familia en ocupar la famosa casa aseguró que nunca habían experimentado ningún episodio paranormal. ¿Era posible que los Lutz hubieran inventado toda la fantástica historia para aprovecharse de la tragedia de los De Feo? ¿Estaban también mintiendo los investigadores paranormales que habían visitado la casa después de lo ocurrido a los Lutz?

Después del éxito de la película sobre sus experiencias paranormales en la casa de la Avenida Ocean en Amityville,

George y Kathy Lutz fueron sometidos a un escrutinio severo. Varias personas a su alrededor los acusaron de exagerar la historia y, peor aún, de hacerlo para ganar publicidad y dinero. Hartos, aceptaron someterse a un examen de polígrafo, a un detector de mentiras. El resultado fue completamente aprobatorio: de acuerdo con la máquina, los Lutz decían la verdad. La versión de la pareja fue también fortalecida cuando el párroco local confirmó haber vivido uno de los episodios más espantosos de su vida en ese sitio, testimonio desconocido hasta entonces. En efecto, dijo el padre de la localidad, que una voz ronca le había ordenado que saliera de la casa mientras bendecía el lugar. La escena, que forma parte de la película sobre el caso, es quizá una de las más pavorosas de la historia del cine de horror.

Pero no todos creen en la verosimilitud de lo ocurrido a los Lutz. Para algunos escépticos, la historia es simple: los Lutz conocían lo que había pasado apenas unas semanas antes y se predispusieron para ver y escuchar cosas. Incluso la presencia de un amigo imaginario, como le ocurrió a la hija de los Lutz, puede ser interpretado como algo completamente normal. En cualquier caso, lo que sucedió en 1974 y 1975 en la pequeña ciudad de Amityville sigue siendo un misterio. ¿Será esa casa en la Avenida Ocean de verdad una mansión embrujada, poseída por el espíritu de un jefe indio con extraordinarios poderes? ¿O será un caso de predisposición colectiva, una especie de psicosis que atacó a una familia particularmente temerosa? Es difícil saberlo. La única que puede responder el enigma es la propia casa que, silenciosa, sigue ahí.

El hombre polilla

Hay historias que son simplemente macabras. Ese es el adjetivo perfecto para lo ocurrido en el estado de Virginia del Oeste en Estados Unidos, a finales de 1966. Se trata de la leyenda del "hombre polilla", una mezcla de ave, hombre e insecto que aterrorizó al pequeño pueblo de Point Pleasant entre noviembre de 1966 y enero del año siguiente. El nombre del fenómeno puede resultar simpático, pero lo que pasó en el lugar fue todo lo contrario. Se trata de una historia trágica y aterradora.

La leyenda inició con un hombre llamado Raymond Wasley. Comenzaba el invierno cuando Wasley y su esposa vieron a un ser extraño parado en su jardín. La imagen desafiaba la imaginación. El misterioso ser medía más de dos metros, en lugar de piel tenía largas plumas negras y de su espalda colgaba lo que parecía ser una capa. Resultaba imposible distinguirle las facciones. Lo único evidente eran los ojos: dos enormes pupilas color escarlata. Parecía como una enorme mariposa nocturna, como una polilla de grandes proporciones. De acuerdo con los testigos, el animal estaba parado cerca de una ventana y se movía de un lado a otro. Pero, de acuerdo con los Wasley, lo más espeluznante era el sonido que la criatura emitía. Aquellos primeros testigos lo describieron como una mezcla entre un grito de un animal moribundo y un alarido. Después de golpear contra los cristales un par de veces, el animal levantó el vuelo y, así como llegó, desapareció en la noche. Sacudidos, los Wasley permanecieron pertrechados en la sala de su casa al menos una hora. Después avisaron a las autoridades. Aquella sería la primera vez que la policía y los medios de comunicación de Point Pleasant verían a la figura que, desde entonces, sería conocido por el peculiar nombre de "El hombre polilla". El avistamiento en casa de los Wasley sería sólo el principio. A partir de entonces, el animal se adueñaría de las pesadillas de los habitantes del lugar. Una aparición venida directamente desde el infierno.

Bien dice el dicho que una golondrina no hace verano. Esa era la esperanza de todo el pueblo de Point Pleasant después de conocer la historia de Raymond Wasley y su señora. Pero apenas unos días más tarde, el monstruo se apareció de nuevo. Esta vez tocó el turno a dos parejas de jóvenes que volvían de una tarde de diversión en una carretera diez kilómetros al norte del pueblo. De pronto, uno de los muchachos vio dos luces rojas cerca de las puertas de una vieja planta de dinamita usada para construir bombas en la Segunda Guerra Mundial. Intrigados, los jóvenes detuvieron el auto. Al poco tiempo, se dieron cuenta de que las dos luces eran los ojos de un animal muy, pero muy extraño. Aterrados, subieron al carro. De acuerdo con los testimonios de los jóvenes, el animal comenzó a perseguirlos, volando a velocidades superiores a los cien kilómetros por hora, hasta que lograron acercarse a las luces del pueblo de Point Pleasant. Ahí, la aparición se detuvo y se desvaneció en el negro de la noche. Los muchachos, gente seria y sana, avisaron a la policía de inmediato. Para el asombro de los oficiales, aquel era ya el segundo avistamiento en sólo un par de días. Con un par de apariciones en muy poco tiempo, el pueblo de Point Pleasant comenzaba a temer por su bienestar. ¿Acaso serían víctimas de una maldición? ¿O, peor aún, de un experimento fuera de control? Seguramente algo así pensaron cuando al "hombre polilla" se sumaron otros tres misteriosos personajes que empezaron a aparecer en las calles del pueblo unas semanas más tarde.

La historia perdida del "hombre polilla" de Virginia del Oeste no sólo incluye la manifestación del enigmático ser. Un ingrediente particularmente oscuro de esta leyenda es la aparición de otro de los mitos más populares del siglo XX en las mismísimas calles del pueblo de Point Pleasant justo durante los meses en que fue visto el "hombre polilla". De acuerdo con varios testigos, un automóvil negro último modelo comenzó a pasearse afuera de las casas de quienes decían haber visto al monstruo volador. Del carro bajaban siempre tres agentes vestidos completamente de negro. ¿Y qué querían estos hombres? Callar a los testigos. "Los hombres nos ordenaban quedarnos callados", contó tiempo después una de las personas que se encontró de frente con el hombre polilla: "De verdad es como si quisieran ocultar algo." Pero, ¿qué habrían querido esconder los hombres de negro? Una de las teorías más extrañas tiene que ver con la fábrica de armamento de la Segunda Guerra Mundial que descansa, abandonada, a algunos kilómetros de Point Pleasant.

¿Será posible acaso que el "hombre polilla" fuera un experimento militar fuera de control? ¿O tal vez algún tipo de fuerza extraterrestre que había escapado de una prisión castrense? Es difícil saberlo, pero lo cierto es que los hombres de negro querían callar a los testigos del fenómeno. Pero la labor de los misteriosos agentes parecía una labor imposible, sobre todo porque el extraño engendro que perseguían no dejaba de aparecerse en los cielos de Point Pleasant.

El hombre polilla ya había aterrado a varias personas cuando Thomas Ury se convirtió en el primer desafortunado ciudadano de la zona en ver al animal en plena luz del día. Ury circulaba por un camino entre los bosques de la región cuando vio algo volando al menos cincuenta metros por encima de su auto. "Era enorme y daba vueltas en círculos perfectos", contó posteriormente. Lo que más lo atemorizó fue darse cuenta de que aquello no era propiamente un ave. Parecía, de acuerdo con el testigo, un hombre con alas. Pero el encuentro no quedó en un avistamiento lejano: poco a poco, el animal comenzó a descender. Los círculos se hacían cada vez más estrechos y las alas se veían cada vez más cerca del automóvil. El miedo se apoderó de Ury. Y con toda razón. "Por momentos parecía como si estuviera bajando para tratar de atacarme y, la verdad, no tenía ganas de convertirme en su comida", dice el testigo. Para su sorpresa, cuando el "hombre polilla" estaba quizá a un par de metros del toldo, comenzó a emitir su estridente alarido para, de pronto, desaparecer. "Con el paso de los días —relataría después Thomas Ury— comencé a pensar que las intenciones de ese animal no eran malas, tal vez quería ponerme sobre aviso". Y es que lo que ocurrió semanas más tarde puso a temblar a toda una nación. Quizá, sólo quizá, el "hombre polilla" era un enviado del más allá, puesto en el pequeño pueblo para avisar que, pronto, la muerte llegaría, de manera súbita y terrible, a Point Pleasant.

Una de las teorías más espeluznantes de quienes han estudiado el fenómeno del "hombre polilla" en Virginia del Oeste durante los años sesenta es que, de alguna manera, el ser no era sino la muerte misma que se acercaba al lugar días antes de una tragedia. Y es que lo que ocurrió en diciembre de 1967, casi un año más tarde del principio de las apariciones del temido visitante, ha dado pie a una y mil especulaciones. Point Pleasant descansa justo en la línea divisoria entre Virginia y Ohio, frontera marcada por el río Ohio. Para llegar de Ohio a Point Pleasant hay que cruzar un puente conocido como el Puente de Plata. Fue ahí donde el dolor finalmente llegó al pequeño poblado que, durante meses, había recibido la visita periódica del ser de las alas negras y los ojos rojos.

Era la época de Navidad y el puente estaba lleno de gente alegre. De pronto, la estructura comenzó a sacudirse. Los herrajes se vencieron y los cables perdieron fuerza. A los pocos minutos, varios automóviles estaban en el agua. El saldo fue terrible: casi cincuenta personas muertas yacían o flotaban en el congelado río Ohio. Fue un día brutal para Point Pleasant, el peor de toda su historia. Al dolor de la muerte se sumó una última aparición del ser que, para entonces, ya acaparaba las pesadillas de todos los que vivían en el pueblo. Al menos un par de testigos recuerdan haber visto al "hombre polilla" flotando, sobre el puente, segundos antes de su colapso. ¿Habrá querido avisar de la tragedia a aquellos que estaban a punto de morir? ¿O quizá fue precisamente el causante del drama inenarrable de aquella tarde invernal? Es imposible saberlo. Lo único cierto es que, hasta el día de hoy, ninguna investigación ha podido determinar a ciencia cierta cuál fue la causa técnica del colapso del puente de Point Pleasant. Y tampoco se ha podido explicar la presencia del "hombre polilla" a quien ya nadie volvió a ver en el pequeño pueblo de Virginia del Oeste después de aquel día en que la muerte llegó, furiosa, a robarse la calma para siempre.

El misterio de Troya

¿Quién no conoce la leyenda de la hermosa ciudad de Troya y su caída tras el desafortunado enamoramiento de Paris, el príncipe troyano, y Elena, la mujer más bella de su tiempo? La historia, narrada con maestría por Homero, el mayor poeta del mundo clásico, nos sigue conmoviendo con su mezcla única de novela épica e historia de ambición, amor y astucia militar. Como en ningún otro libro nacido de la época helénica, la *Ilíada* mezcla el mundo de los mortales y los dioses, títeres y titiriteros en la condición de la raza humana. Todos y cada uno de los protagonistas de la *Ilíada*, desde el joven Paris hasta la bella Elena o el heroico Héctor y el celoso Menelao, actúan por designio —a veces explícito, otras oculto— de los dioses del Olimpo.

La historia de la guerra de Troya narra la huida (algunos dicen que fue un rapto) de Elena, esposa del rey Menelao de

Esparta, con el príncipe Paris para luego dar cuenta del inmenso asalto encabezado por los espartanos y el poderoso ejército de Micenas (además de al menos otras ciento sesenta poblaciones griegas) contra la ciudad amurallada de Troya, regida por el magnánimo rey Príamo y su hijo, el gallardo Héctor. La historia que cuenta Homero está llena de personajes legendarios, como Aquiles, el gran héroe griego, un semidiós célebre no sólo por su belleza sino por su habilidad sobrehumana en el campo de batalla, una figura legendaria con un solo punto vulnerable: el talón. La valentía entrañable de los troyanos frente a la adversidad y la astucia de las tropas griegas para finalmente entrar a Troya usando un inmenso caballo aparentemente hueco, pero en realidad lleno de soldados sedientos de venganza, son parte ya del imaginario colectivo de la humanidad gracias a la pluma incomparable de Homero.

Aun así, una pregunta persiste: ¿realmente existió Troya? Desde hace varios siglos, los historiadores de la Grecia clásica han tratado de encontrar la respuesta a esa, una de las preguntas más fascinantes de la historia humana. Existen muy pocas fuentes históricas que incluso sugieran la existencia de la famosa urbe amurallada. Después de todo, los historiadores de la antigüedad dieron por buena, durante siglos, la versión de Homero. Sin cuestionar la historia de la Guerra de Troya, grandes de la historiografía clásica, como el célebre Heródoto, aceptaban que la lucha entre los troyanos y los griegos había realmente ocurrido en la gran ciudad ubicada, tal y como lo había dicho Homero, en el estrecho de los Dardanelos entre Grecia y Turquía. Con el paso de los años, sin embargo, los historiadores comenzaron a dudar de lo escrito por Homero. Sin otras fuentes para verificar la fantástica historia narrada por el gran poeta, los historiadores del mundo moderno finalmente catalogaron la *Ilíada* como una fantástica obra épica de ficción y la descartaron como lo que había sido considerada durante siglos: la narración de un hecho real, quizá el más extraordinario enfrentamiento bélico de la Edad de Bronce.

Pero Troya estaba decidida a evitar el olvido histórico. Para el siglo XIX, varios estudiosos comenzaron a leer con nuevos ojos lo escrito por Homero. Empezaron a encontrar referencias ocultas y fidedignas; sitios que, con el paso de los años, habían sido descubiertos tal y como Homero los había identificado en su magna obra poética. Para mediados del XIX, varios arqueólogos comenzaron a entretener la posibilidad de retomar la búsqueda de la Troya histórica, un lugar que, por milenios, había sido catalogado como obra de la fantasía, un lugar tan irreal como quizá lo fue la Atlántida, Camelot o algún otro de los sitios legendarios que han capturado la imaginación de la humanidad desde siempre. La atención de los estudiosos se concentró en Hisarlik, un monte señorial en la moderna Turquía. Ahí, a finales del siglo XIX, ocurriría un auténtico milagro arqueológico.

El hombre que se encargaría de tratar de descubrir las ruinas de la supuesta ciudad de Troya en Hisarlik se llamaba Heinrich Schliemann, un excéntrico millonario originario de lo que ahora es Alemania. Tras dedicar su vida a la conquista de aventuras y dinero, Schliemann decidió tratar de encontrar el sitio que le había obsesionado desde pequeño, desde que leyó la *Ilíada* de Homero. Tras estudiar a fondo el mundo clásico durante su edad adulta, el arqueólogo en ciernes se trasladó a Grecia por primera vez cuando estaba a punto de cumplir cincuenta años de edad. Maravillado por el paisaje del lugar con el que había soñado por tantos años, Schliemann comenzó a planear su más osada aventura: el descubrimiento de Troya. Mucho ayudó su encuentro con un hombre llamado Frank Calvert, el pionero de las excavaciones en Hisarlik. El conocimiento de Calvert terminó de dar forma a la determinación de Schliemann. Calvert había ya revelado rastros de algo, de algún tipo de ciudadela en el monte de Hisarlik. Schliemann estaba seguro de que ahí, bajo el suelo turco, estaban las huellas de la mítica ciudad de Paris y Elena, donde Aquiles había encabezado a las tropas troyanas y Príamo había llorado a Héctor.

Schliemann y un equipo de jóvenes arqueólogos aficionados comenzaron a excavar en Hisarlik a principios de la década de 1870. La ambición desmedida del millonario Schliemann lo llevó a cometer errores e imprudencias que, de acuerdo con estudios posteriores, podrían haber dañado vestigios ancestrales. Pero Schliemann no tenía tiempo para el cuidado de las ruinas. Tenía prisa porque albergaba una y sólo una obsesión: encontrar alguna prueba de que ahí, bajo sus pies, estaba Troya. Y entonces, a finales de 1873, las ruinas de lo que al parecer era la antigua ciudad, le regalaron a Schliemann (y al mundo) un tesoro deslumbrante.

Cuando Schliemann comenzó a excavar en Hisarlik jamás pensó encontrar un botín de gran valor. Seguramente soñaba con hallar algún vestigio que le permitiera aventurar la teoría de que ahí, en ese sitio en los Dardanelos, había existido una gran ciudad que correspondía a las descripciones hechas por Homero miles de años antes. La vida, sin embargo, le deparaba una sorpresa sólo comparable, quizá, a la que décadas después vivirían los arqueólogos encargados de hallar la tumba perdida de Tutankamon en Egipto. Para 1873, Schliemann ya había encontrado los restos de varias ciudades construidas una sobre la otra (al final se descubrirían huellas de nueve distintas ocupaciones del monte de Hisarlik). Pero fue en mayo cuando Schliemann encontró el tesoro que lo convertiría en una celebridad mundial.

Durante una excavación junto a una pared de una construcción que el propio Schliemann describía como "el palacio de Príamo", el equipo de arqueólogos halló un artículo de cobre. Sería el primero de muchos objetos que verían la luz después de milenios. En lo que con el tiempo se conocería como el "Tesoro de Príamo", Schliemann catalogó objetos tan fabulosos como lanzas, escudos, botellas de oro, vasijas de plata y joyas que, usadas por Sofía, la esposa de Schliemann, dieron la vuelta al mundo en fotografías célebres. Para el arqueólogo, el descubrimiento del tesoro era la prueba culminante de que en aquel monte en la moderna Turquía había vivido un pueblo sofisticado. A los hallazgos de Schliemann se suman datos asombrosos: en los rastros de las ciudades de Hisarlik se registra un periodo de violenta destrucción. Y aunque algunos suponen que esa evidencia se relaciona más con un terremoto que con una guerra, la duda queda: ¿realmente estuvo alguna vez la magnífica ciudad de Troya en el monte turco de Hisarlik?

Para finalmente saber a ciencia cierta si Troya estuvo en Hisarlik es necesario también averiguar si otras partes de la narración de Homero realmente pudieron haber ocurrido. Uno de los elementos centrales de la historia de la Guerra de Troya es el famoso caballo de Troya, usado por los soldados griegos para franquear, ocultos, las inmensas murallas de la ciudad de Príamo, Paris y Héctor. Para muchos, el caballo troyano es el elemento más fantasioso de toda la narración homérica. ¿De verdad es posible construir un armatoste de madera de tamaño tal que pueda albergar al menos a un par de decenas de soldados? Increíblemente, parece que sí. Varios documentos históricos dan fe de enormes máquinas usadas para romper los portones de las ciudades que eran atacadas por las fuerzas griegas u otras de la época. No es imposible, entonces, que el caballo de Troya realmente haya existido en el periodo descrito por Homero en la *Ilíada*.

Pero, ¿qué tan seguro es que Troya haya estado realmente en el monte de Hisarlik en Turquía? Heinrich Schliemann murió convencido de que había encontrado el sitio real donde se había escenificado la batalla más famosa del mundo clásico. Durante buena parte del siglo XX, sin embargo, la arqueología mundial vio la teoría de Hisarlik sobre Troya con mucho escepticismo. Todo eso cambió a partir de los años ochenta, cuando un grupo de arqueólogos encabezados por el profesor Manfred Korfmann, hallaron vestigios de una batalla en la zona y evidencia de que la ciudad había sido mucho más amplia y poderosa de lo que se pensaba hasta ese momento. Los descubrimientos de Korfmann, que coincidían también con el periodo de la Troya homérica, finalmente llevaron a la UNESCO a identificar a Hisarlik como patrimonio de la humanidad y a la gran mayoría del mundo a creer que ahí, en el corazón de la Turquía moderna, descansa la ciudad mítica que alguna vez presenció el combate entre Aquiles y Héctor, el amor de Paris y Elena, y la furia de mil barcos griegos, sedientos de venganza.

La condesa sangrienta

La historia de la humanidad registra cientos de casos de hombres famosos por haber hecho el mal de manera no sólo descarada sino particularmente cruel. Pareciera que los hombres, los varones, son quienes tienen el monopolio de la violencia, sobre todo de la violencia homicida. Pero lo cierto es que, si uno hurga en la historia, es posible encontrar biografías de mujeres que, en su tiempo, hicieron temblar a las sociedades en las que vivieron precisamente por su maldad y disposición a la psicopatía. En el siglo XIX, una mujer inglesa de nombre Mary Ann Cotton mató a más de veinte personas para quedarse con sus respectivos seguros de vida. El siglo XX vio la aparición de mujeres como Aileen Wournos, una solitaria y enloquecida mujer que mató al menos a siete hombres en los años ochenta y fue llevada a la pantalla grande por la actriz sudafricana Charlize Theron, en un papel que le significó el premio Óscar. Pero para encontrar a la más célebre asesina en serie de la historia hay que regresar en el tiempo al menos cuatrocientos cincuenta años. Fue en plena Edad Media cuando la historia registró a una mujer cuya crueldad y locura la convirtieron en una leyenda negra, capaz de inspirar uno de los mitos más inverosímiles pero espeluznantes del último medio milenio en Europa.

Para muchos, la vida de la condesa Elizabeth Báthory es aún más aterradora que la de Vlad Tepes, el célebre monarca transilvano que inspiraría al novelista Bram Stocker para escribir *Drácula*. Y no es para menos. Después de todo, a lo largo de sus cincuenta y cuatro años de existencia, la famosa condesa sangrienta del antiguo reino de Hungría mató, con su grupo de colaboradores que la seguían como a una suerte de deidad terrenal, a más de seiscientas personas, sobre todo mujeres jóvenes. Pero la cifra de muertos no es lo más atroz de la historia perdida de Elizabeth Báthory. La condesa húngara guardaba secretos que complican seriamente su leyenda. Porque a Báthory no sólo le interesaba el ejercicio de la crueldad; le interesaba también el contacto con lo más oscuro de las ciencias ocultas. Era, en toda la extensión de la palabra, una bruja. Y no sólo eso: si hacemos caso a la leyenda, Báthory era hematófaga: un vampiro.

La historia de Elizabeth Báthory, la asesina en serie más célebre y sanguinaria de la historia, comienza con una infancia rodeada de lujo y comodidad. Nacida en una familia aristócrata, la joven Elizabeth vivió sus primeros años rodeada de sirvientes que tenían una sola misión: concederle cada uno de sus caprichos. Pero Elizabeth no sólo fue una niña consentida hasta el exceso. Fue también una joven culta e informada. Desde muy chica se sintió atraída por la ciencia en todas sus versiones, incluido, fatalmente, el ocultismo. Pero su hambre de conocimiento se topó con la inevitable realidad de los usos y costumbres de su época. A los quince años de edad, como se hacía en aquel tiempo, Elizabeth fue dada en matrimonio al conde Ferenc Nádasdy, un aristócrata mayor que ella, conocido como "El caballero negro", famoso por su carácter violento. Tras el enlace, Nádasdy y su joven mujer se mudaron al imponente castillo de Zeyte, en los Cárpatos. Al poco tiempo, el conde dejó a Elizabeth en su nuevo hogar y partió a la guerra, como comandante de los ejércitos húngaros para luchar contra las fuerzas turcas. Uno podría pensar que la joven condesa aprovecharía para descansar y disfrutar de su inmensa fortuna. Pero Elizabeth no se dedicó al ocio. Todo lo contrario. Encargada de administrar el castillo y las propiedades de su esposo, se volvió una mujer temible, organizando la defensa territorial de la región. Fue justo entonces cuando algo comenzó a trastornar a Elizabeth Báthory. Hay quien dice que los horrores de la guerra y la soledad abrumadora que se respiraba en el castillo de los Cárpatos empezaron a enloquecer a la mujer.

De acuerdo con algunas versiones, fue en aquel momento cuando Elizabeth entró en contacto con una figura misteriosa. Algunos lo identifican como su sirviente más cercano, otros como un campesino de la región. En cualquier caso, de acuerdo con la leyenda, Elizabeth Báthory conoció a un hombre de inclinaciones perversas que formaría parte de su séquito. Fue esta figura turbia quien la introdujo de manera irremediable a la práctica de las ciencias ocultas. Sabedora de su inmenso poder, la joven mujer comenzó a buscar ideales peligrosos como la inmortalidad y la omnipotencia a través de acciones profundamente inquietantes. Elizabeth Báthory empezó a perder la razón.

Para el principio del siglo XVII, el conde Nádasdy había muerto. Y el hermoso castillo de Zeyte se volvería el escenario de una de las más atroces matanzas indiscriminadas de toda la Edad Media. Un reinado de sangre.

El imperio brutal de Elizabeth Báthory comenzó con el siglo XVII. Fue justo en el año 1600 cuando el esposo de Báthory, el temible caballero negro Ferenc Nádasdy, murió en batalla. De inmediato, Elizabeth se convirtió en heredera única de sus propiedades y tierras. Lo primero que hizo fue desterrar a su suegra, una mujer cruel y agresiva que le había hecho la vida difícil. Finalmente libre, Elizabeth comenzó a internarse en el oscuro mundo de la brujería. Guiada por su cerrado círculo de consejeros y sirvientes, la condesa empezó a experimentar con la tortura, sacando así las frustraciones que había acumulado con el paso de los años. Era una mujer vanidosa y envejecer la horrorizaba como pocas cosas. Pero el principio de la locura, el comienzo de la era de terror para la pequeña región de los Cárpatos, ocurriría de otra manera, casi por azar.

Cuenta la leyenda que una tarde, mientras era peinada y arreglada por su séquito de jóvenes sirvientas (todas ellas mujeres virginales) Elizabeth Báthory perdió la paciencia y abofeteó a una de las chicas que la rodeaban. El golpe fue tan severo que la pobre peinadora comenzó a sangrar. Las gotas rojas cayeron sobre la mano de la condesa Báthory. Y entonces, de manera inexplicable, la mujer tuvo una idea. El color escarlata, pensó la condesa, le devolvía la juventud y la lozanía a su pálida piel. La sangre de la sirvienta virginal era la respuesta a su angustia más grande: la haría rejuvenecer. Esa idea demente desataría al menos diez años de zozobra para las familias humildes cercanas al castillo y, al final, para buena parte de la aristocracia húngara. Sabiéndose prácticamente omnipotente, sin autoridad alguna que la controlara, Elizabeth Báthory teñiría de rojo el principio del siglo XVII. Y su brutalidad desafiaría a las más aventuradas imaginaciones criminales.

Cuenta la historia que el primer asesinato cometido por Elizabeth Báthory y su séquito fue el de la sirvienta que, con su sangre, había desatado la locura de la condesa húngara. Báthory ordenó la ejecución de la mujer y, en un acto macabro, exigió que su sangre llenara una tina en la que después se bañó, soñando con recobrar la juventud. El resultado del espeluznante experimento debe haber dejado satisfecha a la condesa: desde aquel momento comenzaría una matanza sin comparación en la historia de las asesinas seriales. La presa favorita —y quizá única— de la condesa Báthory fueron jóvenes vírgenes. Para conseguir víctimas adecuadas, ideó un plan. Establecería una suerte de falsa academia de etiqueta aristócrata donde recibiría a las campesinas de la región con el pretexto de querer enseñarles los modales más finos. Una vez ahí, calculaba Elizabeth, sería mucho más sencillo quitarles la vida. Su aparente generosidad emocionó a los habitantes de la región, que no tardaron en enviar a sus hijas a la supuesta escuela. Sería un error irremediable. De acuerdo con los testimonios de la época, Elizabeth Báthory asesinaba a las jóvenes una por una, usando su sangre como líquido de baño. Y, como siempre pasa, la locura engendró más locura. Al poco tiempo, la condesa empezó a canibalizar los cuerpos de las chicas, ganándose fama de vampira y antropófaga. A lo largo de ocho años, Báthory mató ella misma u ordenó el asesinato de cerca de seiscientas jóvenes mujeres que habían ido a su castillo para encontrar mejores modos y hallaron, en cambio, la más cruel tortura. Al poco tiempo, debido a la voracidad asesina de Báthory, los pueblos aledaños se habían quedado ya sin mujeres jóvenes de origen humilde. Desesperada, decidió ofrecer los servicios de su academia a las hijas de las familias más acomodadas. Era un riesgo enorme, pero la condesa había perdido la razón. Y fue esa circunstancia la que, al final, terminaría con su reinado de terror.

Para 1610, la región alrededor del castillo de la condesa Elizabeth Báthory, se había teñido de rojo. Los cuerpos de cientos de jóvenes mujeres aparecían en los campos y los ríos. Los visitantes al castillo denunciaban que el hedor era insoportable. Algo claramente estaba ocurriendo en aquella fortaleza. Los rumores sobre la locura asesina de la condesa Báthory comenzaron a esparcirse por toda Hungría. Pero ni siquiera eso detuvo a Elizabeth, quien para entonces contaba ya con cincuenta años de edad. Báthory había seguido asesinando y torturando jóvenes mujeres para extraerles la sangre que, de acuerdo con su retorcido proyecto criminal, le devolvería finalmente la juventud. Para su desgracia, la locura la había convertido en una asesina descuidada. Y fue así como, a mediados de 1610, una mujer logró escapar del castillo para narrar, con detalle, los horrores que ahí ocurrían. En diciembre de ese año, el rey de Hungría ordenó catear el castillo de la condesa Báthory. Nadie podía imaginar lo que las autoridades encontrarían. Los calabozos del castillo escondían a decenas de mujeres listas para ser ejecutadas. Debajo de la fortificación se hallaron al menos cincuenta cadáveres. En las habitaciones de la condesa todo estaba salpicado de sangre. Los olores, los sonidos y las imágenes desafiaban cualquier explicación. Elizabeth Báthory, la vampiresa más célebre de la historia, fue puesta bajo arresto lo mismo que su séquito, cómplices todos de las acciones brutales de la condesa.

El juicio sacudió a la sociedad húngara. La crueldad de Elizabeth Báthory resultaba inexplicable incluso para una época como aquella. Al final, los sirvientes de la condesa fueron sentenciados a muerte. A Báthory le esperaba un castigo distinto. Dado que era parte de la realeza no podía ser ejecutada. Pero sí podía ser recluida para siempre. Las autoridades la condenaron a vivir en el mismo cuarto donde había torturado a sus víctimas. Taparon las ventanas y cualquier hueco por donde pudiera entrar la luz. Por increíble que parezca, Elizabeth Báthory sobrevivió todavía cinco años en esas condiciones infrahumanas. Su cuerpo fue enterrado en Transilvania, origen no sólo de la condesa sangrienta sino de toda la familia Báthory.

La mítica Atlántida

De todas las historias perdidas imaginables, pocas son tan apasionantes y llenas de misterio como la leyenda de una isla mágica, cuna de una civilización de avanzada, llamada la Atlántida. La historia de la Atlántida ha obsesionado a miles de exploradores y estudiosos desde que Platón la mencionara por primera vez hace más de dos mil años en sus *Diálogos*. Para Platón, la Atlántida había sido una isla de ensueño, gobernada mitológicamente por Poseidón, el dios de los mares, y poblada por una sociedad iluminada, poderosa en el arte de la guerra y versada como pocas en el comercio y la cultura. La Atlántida de Platón era, además, un lugar hermoso. La descripción del gran filósofo griego hace recordar a Venecia: una ciudad con una plaza luminosa rodeada de canales por donde circulaban barcos llevando todo tipo de mercancía de gran valor. Pero en la narrativa platónica, la Atlántida tiene un final inesperado y doloroso. Corrupta moralmente tras años de prosperidad, la gran ciudad finalmente sucumbe a la venganza de la naturaleza y termina hundida en las aguas después de un terremoto salvaje. Un destino dramático para un lugar utópico.

Desde que Platón describiera a los atlantes y su ciudad, cientos de miles de páginas se han escrito sobre su verosimilitud. En la antigüedad, la leyenda de la Atlántida fue vista, al final, como eso: una especie de fábula utilizada por Platón para ilustrar los peligros de la soberbia y la desmesura. Pero, en tiempos contemporáneos, la historia perdida de la Atlántida ha tomado fuerza nuevamente. Son muchas las teorías sobre la posible localización y el destino de la que, de haber existido, tendría que ser considerada la madre de las civilizaciones occidentales.

El principal problema para tratar de desentrañar la historia de la Atlántida es que, más allá de la descripción hecha por Platón, no hay otra fuente primaria que retrate el lugar. Esto, dicen algunos, es razón suficiente para asumir que la Atlántida no es otra cosa más que un invento del gran filósofo griego. Sin embargo, ésta no sería la única ocasión en la que una ciudad supuestamente ficticia resultara ser completamente real. Durante siglos se pensó que la Troya de Homero, ciudad protagonista de la *Ilíada*, era una creación de la imaginación de un narrador estupendo. Entonces, a mediados del siglo XIX, un grupo de arqueólogos descubrió la verdadera Troya en el noreste turco. ¿Será posible que lo mismo ocurra algún día con la Atlántida? Primero, habría que repasar algunas de las muchas teorías alrededor de la localización de la gran isla.

La fascinación moderna con la Atlántida comenzó en 1882 con la publicación de un libro que haría historia: *La Atlántida, el mundo antediluviano*, del escritor estadounidense Ignatius

Donnelly. En su obra, Donnelly sostiene que la civilización de la Atlántida no sólo existió, sino que fue la madre de todas las grandes civilizaciones, como la egipcia, la inca o incluso la maya. Donnelly señala que la similitud en ciertas técnicas de manufactura, además de la escritura de esos pueblos, no podía ser obra de la casualidad. ¿La respuesta al misterio? De alguna manera, los atlantes habían conseguido llevar su cultura a distintas partes del mundo. Después de la teoría de Donnelly, varios supuestos videntes aseguraron haber viajado a la Atlántida de manera espiritual. Ese fue el caso de la psíquica rusa Elena Blavatsky, quien afirmó que los atlantes habían sido una raza con conocimientos superiores.

Más allá de cualquier hipótesis fantasiosa sobre el significado espiritual de la Atlántida, la pregunta que ha permanecido a lo largo de los siglos sobre aquella isla mítica es dónde pudo ubicarse si es que realmente existió. En su descripción original, Platón coloca a la Atlántida "más allá de los pilares de Hércules", la manera como los griegos se referían al Estrecho de Gibraltar. De ser cierto el lugar señalado por Platón, la Atlántida habría estado localizada en algún punto cercano a la costa europea y africana ya en pleno Océano Atlántico. En el 2001, el especialista francés Jacques Colina Girard analizó la geología del suelo marino al oeste del estrecho. Y descubrió algo asombroso. Ahí, en el fondo del mar, estaba una formación que correspondía con la localización sugerida por Platón, una especie de isla ahora desaparecida bajo las profundidades marinas. Se sabe, además, que el lugar, llamado Banco Majuán, fue golpeado por un tsunami devastador, correspondiendo, así, con la descripción dada por Platón sobre la desaparición de la Atlántida. Desgraciadamente, hay poca evidencia más allá de la conjetura geológica para asegurar que el Banco Majuán fue alguna vez la Atlántida. Nadie ha encontrado, por ejemplo, ninguna prueba arqueológica de la presencia de una civilización en el lugar. Pero esa curiosa formación en el Océano Atlántico está lejos de ser el único sitio posible para albergar la fabulosa y legendaria isla. Para algunos, la Atlántida nunca estuvo en el inmenso mar que hoy lleva su nombre sino en uno más pequeño, cuna de muchas, muchas civilizaciones: el Mediterráneo.

Si la Atlántida no se encontraba en el Océano Atlántico como sugirió Platón, ¿dónde pudo haber estado? Aunque algunas teorías enloquecidas señalan que la Atlántida en realidad no es otra isla más que Cuba o quizá Irlanda, la mayoría de las investigaciones alternativas se han concentrado precisamente en lo que Platón mejor conoció: el mundo mediterráneo. Una de las teorías más socorridas indica que la Atlántida fue la isla de Creta, cuna de la civilización minoica, tan importante en la edad de Bronce. Hay muchas similitudes entre la descripción que hace Platón de la vida en la Atlántida con lo que en realidad ocurría en Creta. Por ejemplo, ambas civilizaciones tenían al toro como un símbolo recurrente y el colapso de los dos pueblos está ligado a una catástrofe natural. La gran duda, por supuesto, radica en que Creta no se ha hundido y no se parece en nada a la descripción física hecha por Platón. Otro posible lugar para la legendaria Atlántida es la moderna isla de Santorini, que en la antigüedad era conocida como Tera, una isla minoica destrozada por una enorme erupción 1600 años antes de Cristo. Los efectos de la erupción podrían haber desaparecido los rastros de las construcciones descritas por Platón. Además, la isla en sí era del tamaño sugerido por el filósofo griego. El problema con Tera es que las fechas de la catástrofe en la isla no coinciden en lo absoluto con Platón. Como estas dos hipótesis hay muchas más, y todas tienen objeciones posibles. Pero hay una que sobresale por encima de las demás como el posible origen de la Atlántida, una teoría que puede ser, quizá, la verdadera.

Y así, cuando uno recorre todos los posibles sitios donde pudo haber estado la Atlántida, una conclusión resulta casi ineludible: no hay evidencia sólida alguna para concluir que la mítica isla que describiera Platón existió en realidad. Una isla de ese tamaño, con una civilización de esa importancia, no habría pasado desapercibida para la historia. Resulta simplemente impensable que sólo uno de los grandes pensadores de la antigüedad reparara en lo que, de creerle a Platón, fue la cuna de todas las civilizaciones occidentales. Aún así, la pregunta queda. Parece poco probable que Platón simplemente hubiera inventado la historia de la Atlántida. Muchos especialistas sugieren que el gran filósofo griego se inspiró en un sitio que, aunque lejos de tener las características casi mágicas de la Atlántida, sí fue un lugar muy especial.

Para el arqueólogo Iain Stewart, esa inspiración probablemente provino de la misteriosa ciudad griega de Heliké. Parecida a la Atlántida en cuanto a su espíritu innovador y belleza, Heliké era una ciudad-estado que, para su desgracia, desapareció por completo después de un terremoto y el tsunami que lo acompañó alrededor del año 400 antes de Cristo. La tragedia de Heliké quizá conmovió a Platón, que tenía alrededor de cincuenta años cuando ocurrió. Similar a la historia bíblica de Sodoma y Gomorra, Platón tal vez quiso tomar a Heliké como un ejemplo, un llamado de atención frente a la soberbia. En cualquier caso, más allá de explicaciones racionales, los amantes de la Atlántida aún no están convencidos. Para ellos, aún es posible que algún día alguien finalmente encuentre los pilares de la acrópolis de la ciudad mágica de Platón, ahí, en algún lugar cerca de la costa del Mediterráneo.

La tumba de
Tutankamon

Pocas culturas han capturado la imaginación de la humanidad como la egipcia. La magnitud de las construcciones del Egipto antiguo ha fascinado a propios y extraños desde que comenzaron a alzarse, imponentes, hace más de cinco mil años. Para ojos occidentales, las figuras egipcias, esos dioses con cabeza de animal y cuerpo humano, resultaban completamente ajenas. Lo mismo puede decirse de la escritura jeroglífica, tan diferente a los alfabetos occidentales. Este cúmulo de vibrantes manifestaciones culturales provocó que diversos protagonistas de la historia vieran a Egipto como una tierra llena de misterios, dignos, todos, del más profundo respeto. No es casualidad que, al llegar a orillas del Nilo, el mismísimo Napoleón se tomara un momento para recordarle a sus ejércitos que frente a ellos estaba la Historia: "Cuarenta siglos os contemplan", dijo el legendario conquistador francés, abrumado por la emoción. El asombro napoleónico es compartido por todo aquel que tiene el privilegio de mirar de cerca las inmensas pirámides, que encierran una enormidad de secretos.

Parte indudable de la fascinación con el Egipto antiguo tiene que ver con las leyendas que rodean sus ritos mortuorios. En parte por lo poderoso de las imágenes contenidas en los sarcófagos, y probablemente también por el temor que siempre ha generado la costumbre de momificar a los muertos, los entierros egipcios han capturado la atención de los arqueólogos desde hace varios siglos. Y aunque durante milenios muchas tumbas egipcias fueron saqueadas sin ningún respeto por su valor cultural, artístico e histórico, al siglo XX llegaron intactas —o casi— varias de ellas. Al ocurrir, su descubrimiento ha sido un auténtico fenómeno. Quizá ninguna haya generado una obsesión y un temor tan grandes, como los que aún despierta la historia de la maldición que cubría la sepultura de un joven faraón muerto apenas a los veinte años de edad hace más de tres milenios. Se trata del legendario Tutankamon.

La historia de Tutankamon esconde una ironía notable: en vida, el joven faraón no fue un monarca de gran trascendencia. El muchacho asumió el trono hace aproximadamente tres mil trescientos años, cuando apenas contaba con diez años de edad. Su reinado estuvo marcado por un periodo de relativa tranquilidad que llegó a su fin con el asesinato del monarca a los veinte años. Una vez fallecido, el rey niño Tutankamon fue enterrado sin mayor ceremonia en una tumba relativamente pequeña para su tiempo en el legendario Valle de los Reyes, donde los egipcios dieron sepultura a casi una treintena de faraones a lo largo de cuatrocientos años. El tamaño de la tumba hizo posible que permaneciera oculta por más de tres milenios, llegando casi incólume al inicio del siglo XX. En cierto sentido, la modestia de la tumba del rey niño le garantizó una gloria a la que no pudieron aspirar ninguno de sus antecesores: Tutankamon es, hoy, el faraón más célebre de la historia. Y no se debe sólo a las riquezas notables encontradas dentro de la tumba. La celebridad de Tutankamon tiene otra explicación.

El principio de la leyenda del que con el tiempo se convertiría en el más fabuloso hallazgo arqueológico en el Valle de los Reyes, ocurrió en la primera década del siglo XX. Fue entonces cuando un grupo de exploradores encabezados por el arqueólogo Theodore Davis halló una serie de objetos que hacían referencia a Tutankamon. Sabedor de que el rey niño no había sido un faraón destacado en la historia del antiguo Egipto, Davis supuso que la tumba del joven faraón simplemente ya no existía y dio por concluida la búsqueda. Después anunció al mundo que el Valle de los Reyes estaba explorado por completo. Pero algunos colegas manifestaron su desacuerdo. Apenas era 1907 y había mucho todavía por indagar. Uno de esos visionarios fue Lord Carnavron, un aristócrata inglés convencido de que el suelo egipcio todavía escondía celosamente tesoros inimaginables. Obstinado, Carnavron contrató al destacado arqueólogo Howard Carter con una sola encomienda: encontrar el botín aún perdido en el subsuelo del gran Valle. Ni Carnavron ni Carter imaginaron lo que les esperaba entre las arenas egipcias.

El descubrimiento de la tumba de Tutankamon se debe, sobre todo, al ingenio de Howard Carter, el arqueólogo encargado de la búsqueda. Seguro de poder encontrar una tumba intacta en algún lugar del Valle de los Reyes, Carter tuvo una idea extraordinaria: buscar debajo de los restos del campamento de los obreros que habían trabajado en una expedición anterior y de gran relevancia: la del Faraón Ramsés VI, una de las más populares del lugar. Al principio, Carter y su equipo tuvieron poca suerte. Pero su dedicación no tardaría en dar dividendos fabulosos. El 4 de noviembre de 1922, los arqueólogos de Carter descubrieron lo que a todas luces era el principio de una escalinata. Los trabajos de excavación continuaron con mayor ímpetu. Unas horas más tarde, Carter se encontró frente a frente con su mayor ilusión: los sellos intactos de la tumba de un faraón egipcio. Increíblemente, Carter había hallado los restos de una cámara mortuoria que había escapado, por más de tres mil años, a los saqueadores. El hallazgo emocionó profundamente al arqueólogo, quien de inmediato se comunicó con su mecenas, el aristócrata inglés Lord Carnavron. A las pocas horas, Carnavron ya viajaba hacia Egipto, acompañado de su hija Evelyn. Veinte días más tarde, Carter se encontraba frente a la puerta misma de la tumba de Tutankamon. Acompañado de Carnavron y Evelyn, Carter introdujo una vela para ver lo que guardaba aquel misterioso sitio, intacto por más de tres milenios. "¿Puedes ver algo?", le preguntó Carnavron. "Sí —contestó Carter— cosas maravillosas."

Y vaya que tenía razón. La tumba era como una bodega de antigüedades de valor incalculable: muros cubiertos de lámina de oro, esculturas, objetos, vasijas, muebles en perfecto estado y, claro, la capilla mortuoria que contenía el fabuloso sarcófago dorado de Tutankamon. Todo brillaba como una mina repleta de piedras preciosas. Era, a todas luces, un sueño hecho realidad; algo nunca antes visto en la historia de la humanidad. Pero la leyenda no tendría un final feliz: todo tiene un costo, y la tumba de Tutankamon no tardó en cobrarles muy cara la osadía a aquellos que, tras tres mil años de tranquilidad, lo habían despertado del sueño eterno.

Pasó muy poco tiempo para que las vidas del arqueólogo Howard Carter y su mecenas Lord Carnavron sufrieran lo que para muchos equivalía a una maldición milenaria. A principios de los años veinte, cuando se anunció el descubrimiento de la tumba, muchas voces en Egipto comenzaron a advertir de la tragedia inminente. El faraón, decían, no dejaría tranquilos a quienes lo habían perturbado. Los rumores crecieron cuando una cobra, animal venerado por los egipcios, entró de manera inexplicable a los aposentos de Howard Carter, matando a la mascota del arqueólogo antes de ser descubierta. La presencia de la víbora no hizo más que azuzar los rumores: la maldición se había desatado. Pero lo que era un rumor local se volvió un escándalo internacional cuando ocurrió algo particularmente trágico cuatro meses más tarde. Un mosco picó a Lord Carnavron, sin cuyo respaldo la tumba habría permanecido oculta por siempre. Tratándose de la picadura de un insecto común, de los que hay miles, Carnavron no le dio importancia al incidente. Se equivocó. Apenas unos días más tarde, por razones extrañas, el aristócrata inglés falleció por una neumonía tras una septicemia provocada por la complicación de la picadura. La muerte de Carnavron dio la vuelta al mundo. Muchos señalaron que aquello no podía ser una casualidad: el faraón comenzaba a cobrar venganza desde el más allá.

Al deceso de Carnavron se sumó un dato espeluznante: al momento justo de la muerte del lord inglés, la ciudad entera de El Cairo sufrió un apagón que duró varios minutos. El suceso llegó a oídos del célebre novelista Arthur Conan Doyle, quien dijo no descartar el embrujo milenario como la verdadera explicación detrás de la muerte de Carnavron. Y aunque las palabras de Conan Doyle podían tomarse fácilmente como producto de la imaginación de un narrador, lo cierto es que, tras la muerte del mecenas de la expedición arqueológica, la maldición de Tutankamon cobró varias víctimas más. Un arqueólogo se suicidó, el secretario de Howard Carter también murió tras entrar a la tumba (tenía sólo treinta y cinco años de edad), lo mismo que otro científico de apellido Douglas encargado de tomar rayos X a la momia de Tutankamon. La esposa y el hermano de Lord Carnavron morirían apenas unos años después, siendo relativamente jóvenes. Por si aquello no fuera suficiente, al menos otras cinco personas fallecieron al poco tiempo de entrar a la tumba, todas por causas que, en su tiempo, resultaban simplemente desconocidas. Al final, el número de muertes relacionadas con la tumba de Tutankamon rebasaría las veinte. ¿Qué fue lo que ocurrió realmente con todas esas personas? ¿Se trató acaso de una macabra coincidencia o hay alguna explicación más allá de una maldición para justificar los decesos?

¿Había realmente una maldición para todo aquel que se arriesgara a ingresar a la tumba de Tutankamon, el rey niño, misteriosamente oculto durante tres mil años en el Valle de los Reyes de Egipto? Muchas versiones dan cuenta de una frase que supuestamente estaba escrita en distintos puntos de la tumba al momento de ser descubierta: "La muerte llegará velozmente a todo aquel que ose perturbar al rey." Lo cierto, sin embargo, es que la frase en cuestión no se ha encontrado en ninguna parte entre los miles de jeroglíficos que adornan la legendaria sepultura de Tutankamon. ¿Habrá, entonces, una explicación más racional? Parece que sí. De acuerdo con las últimas investigaciones alrededor de la maldición de Tutankamon, la tumba del rey niño podría haber contenido un tipo de hongo llamado *aspergillus*. El *aspergillus* se ha encontrado antes en tumbas milenarias que han permanecido selladas por siglos o, en el caso de la legendaria sepultura egipcia, milenios. El hongo es particularmente agresivo y puede provocar, gracias a sus esporas, infecciones respiratorias agudas. El *aspergillus* podría explicar la muerte de Lord Carnavron, la víctima más famosa de la maldición de Tutankamon, quien falleció, después de todo, por una afección respiratoria de gran severidad. Pero eso sólo aclararía la muerte de Carnavron y, quizá, de los otros visitantes a la tumba. Pero, ¿cómo explicar el fallecimiento de familiares, amigos y hasta mascotas de los que encabezaron aquella épica búsqueda? Para algunos no hay vuelta de hoja: más allá de la presencia del hongo en la tumba de Tutankamon, la verdadera causa de la muerte y el infortunio de muchos de los que formaron parte de la expedición no fue otra que la ira del joven faraón que, tras ser perturbado, decidió castigar la temeridad de los profanadores.

Hay, sin embargo, un dato que complica a los que creen en la maldición del rey niño egipcio: Howard Carter, el arqueólogo, máximo responsable de la expedición, murió tranquilo y en cama a los sesenta y cinco años, treinta y cinco después de haber descubierto la tumba perdida de Tutankamon. La maldición nunca lo alcanzó. Quizá el joven faraón tuvo un ataque súbito de clemencia para el hombre que, con su ahínco, lo convirtió en el soberano egipcio más famoso de la historia moderna.

El cuarto del ámbar

Como la de tantos otros grandes conflictos, la historia de la Segunda Guerra Mundial está llena de tremendos despojos. Los ejércitos que hundieron al mundo en una conflagración sin precedentes en la primera mitad del siglo XX aprovecharon sus triunfos en el campo de batalla para sustraer obras de arte de valor incalculable. Los robos ocurrieron, sobre todo, en colecciones privadas. Pero los nazis, por ejemplo, tampoco respetaron los espacios públicos de los países involucrados en la guerra. Decenas de museos fueron saqueados, y sus tesoros enviados a Alemania para adornar las viviendas de los jerarcas germanos. Como en los tiempos de Napoleón, pinturas y esculturas legendarias fueron extraídas sin el menor recato, dejando en la más profunda perplejidad a sus antiguos dueños, que vieron desaparecer, en cuestión de días, un acervo artístico incomparable. Tras el final de la guerra, muchos de esos tesoros regresaron a sus países de origen, donde volvieron a manos de familias y museos. Pero muchísimas de las grandes obras hurtadas por los nazis quedaron extraviadas para siempre en la niebla de la guerra. Ya sea por la avaricia del régimen alemán, que se encargo de esconder o destruir lo robado antes que devolverlo, o por la astucia cruel de quienes se robaron el arte europeo durante el nazismo, una gran cantidad de obras de inmenso valor se perdieron irremediablemente. De todas las piezas robadas por los nazis durante la Segunda Guerra, ninguna tiene el valor ni ha generado una búsqueda semejante a la provocada por el hurto descarado de un lugar que, por su belleza y fastuosidad, llegó a ser llamado "la octava maravilla del mundo moderno". Se trata no de un cuadro o una escultura sino de un cuarto entero de la más extraordinaria labor artística: sesenta metros cuadrados de ámbar y piedras semipreciosas que valdrían más de doscientos millones de dólares a principios del siglo XXI (eso, claro, sin contar su incalculable valor artístico). Una de las manifestaciones más asombrosas del talento artístico de la Europa del siglo XVIII: el legendario cuarto del ámbar de San Petersburgo.

El cuarto del ámbar fue creado originalmente por artesanos alemanes y daneses barrocos a principios del siglo XVIII. En la primera década de aquel siglo fue parte del palacio de Charlotenburgo en Berlín. Para 1716, el rey Federico Guillermo de Prusia decidió regalarle los paneles de ámbar que decoraban el magnífico cuarto —seis toneladas de ámbar, oro y piedras semipreciosas— a su aliado cercano, el no menos imponente zar ruso Pedro el grande. El presente cimentó una alianza contra Suecia, que era una potencia naval en la región. Los paneles permanecieron empacados hasta que la emperatriz Isabel I de

Rusia decidió instalarlos en el Palacio de Invierno de San Petersburgo, tarea que encomendó al notable arquitecto barroco Bartolomeo Rastrelli. El cuarto del ámbar se convirtió en un orgullo nacional para Rusia entera.

Años después, la emperatriz Catalina la Grande ordenó renovar el cuarto y mudarlo a su palacio de veraneo, conocido como Tsarkoye Selo. El resultado fue asombroso. Los testimonios de la época dan fe de un lugar que desafiaba a la imaginación. No había, en el cuarto del ámbar, ni un centímetro desprovisto de riquezas: todo era ámbar y gemas. Día y noche, el cuarto estaba iluminado por más de quinientas velas, que le daban un brillo parecido, se decía entonces, al del sol. La luz de las velas se reflejaba en los espejos, dando la sensación de estar literalmente rodeado de un brillo ambarino que conmovía a los afortunados visitantes al palacio de verano de la emperatriz rusa. Así, hasta bien entrado el siglo XX, el cuarto del ámbar fue considerado una de las maravillas del mundo moderno, demostración de la más asombrosa capacidad artística y punto de encuentro de dos países que, en las paredes brillantes del cuarto, habían consolidado una alianza. El cuarto era, después de todo, símbolo de la amistad entre Rusia y lo que para el siglo XX ya se llamaba Alemania. Quizá por eso es que, a medida que se acercaban a San Petersburgo en 1941, las fuerzas nazis comenzaron a planear uno de los saqueos más dolorosos de la historia de toda la conflagración: el hurto de cada centímetro del cuarto del ámbar, testigo durante más de dos siglos de la historia rusa y de Europa entera. El apetito y la crueldad nazi estaban a punto de dar un golpe en el centro del orgullo ruso. Y un episodio trágico estaba por comenzar.

La historia bélica de la humanidad registra pocos hechos tan brutales como el sitio de la hermosa ciudad de Leningrado, actual San Petersburgo, entre 1941 y 1944. Antes que pelear contra los rusos por el control de la gran ciudad, el ejército alemán decidió sitiar Leningrado, lo que provocó sufrimientos indescriptibles para la población, que tuvo que optar incluso por el canibalismo. Después de casi mil días de sitio, cientos de miles de habitantes de Leningrado habían muerto en la desesperación y por el frío. El final de la guerra representó un duro despertar para la ciudad que había sido, por siglos, cuna de artistas y grandes hombre de Estado. El dolor de los habitantes de Leningrado no hizo sino crecer cuando, tras la partida de los nazis, pudieron contemplar las ruinas no sólo de sus propios hogares sino de decenas de monumentos y palacios que, desde el siglo XVII, habían hecho de San Petersburgo la ciudad más hermosa de Rusia.

Uno de los sitios saqueados por los nazis fue el palacio de Tsarkoye Selo, donde Catalina la grande había mandado instalar el asombroso cuarto del ámbar. En algún momento de 1941, el ejército alemán penetró la antigua residencia de veraneo de la nobleza rusa. Los oficiales tenían órdenes claras de dirigirse sin mayor miramiento hacia el cuarto del ámbar. Comenzaron a desmantelarlo casi de inmediato. Al final de varias jornadas, el cuarto, orgullo de Rusia, se había reducido a un cargamento de treinta cajas que pesaban varias toneladas. En su locura nacionalista, el círculo cercano a Adolfo Hitler aseguraba que el cuarto del ámbar jamás debió haber sido entregado a la Rusia de Pedro el grande y, por tanto, merecía regresar a manos alemanas. Con eso en mente, y a pesar de lo complicado y largo del regreso con semejante cargamento, el ejército alemán comenzó el camino de vuelta a tierras germánicas. El destino del enorme cargamento sería la antigua ciudad prusiana de Konigsberg, hoy Kaliningrado. Pero la guerra le tenía reservado un final mucho más drástico a los paneles de ámbar. De manera trágica, en algún momento de 1944, el cuarto del ámbar desapareció de la faz de la Tierra. ¿Qué ocurrió realmente con aquella maravilla de la humanidad? ¿Fue destruida por un bombardeo ruso a finales de la guerra? ¿O logró sobrevivir de forma milagrosa?

Después de desmantelar sin miramiento la habitación del ámbar en el palacio de veraneo de la emperatriz Catalina la grande, en Leningrado, el ejército nazi emprendió el camino de vuelta a tierras alemanas llevando consigo decenas de grandes contenedores de madera con el tesoro ruso. La intención de los alemanes al llevar el cuarto del ámbar de vuelta a territorio nazi, era demostrar, insisto, que incluso las piezas de arte entregadas en buena fe durante la larga historia germánica merecían volver a sus dueños originales. Aquella muestra de poder simbólico tendría, sin embargo, consecuencias devastadoras para el legado artístico europeo. Y la mayor víctima sería precisamente la habitación del ámbar. ¿Qué ocurrió con el gran tesoro ruso en Koningsberg? Es difícil saberlo con certeza. Se dice que, tras su llegada, el cuarto fue expuesto en el fastuoso palacio de la localidad como parte de una magna exhibición sobre el poderío alemán. Tras concluir la exposición, los paneles se ocultaron en algún sótano, supuestamente a salvo no sólo de potenciales ladrones sino de los bombardeos aliados, que para entonces ya comenzaban a recrudecerse. Lo único seguro es que, para desgracia de la humanidad, el cuarto del ámbar no volvió a ser visto jamás.

De acuerdo con la mayoría de los expertos, la que en su tiempo fue considerada la octava maravilla del mundo moderno pudo haber sufrido uno de dos tristes destinos. Una posibilidad es que, desesperados, los alemanes hayan tratado de trasladar el cuarto del ámbar en submarino en algún momento de enero de 1945. Hay evidencia de que el submarino *Wilhelm Gustloff* partió de un puerto cercano a Koningsberg llevando un cargamento de gran valor cultural. Por desgracia, ese mismo sumergible fue destruido poco días más tarde, en alta mar, por las fuerzas aliadas. Si el submarino alemán llevaba dentro de sí los paneles legendarios del cuarto del ámbar, aquel gran tesoro está perdido para siempre en los mares del norte europeo. Pero hay otras hipótesis, algunas que incluso sugieren que el cuarto del ámbar sigue ahí, esperando ser redescubierto.

Además de la posible desaparición del cuarto del ámbar mientras era trasladado a Alemania dentro de un submarino en 1945, existen otras teorías probables que también, por desgracia, sugieren que aquella maravilla artística tuvo un destino fatal. Una de ellas es tristemente irónica. El final de la Segunda Guerra Mundial vio a Koningsberg severamente bombardeada por las fuerzas aliadas. Los rusos fueron especialmente crueles con la ciudad alemana. El ejército rojo destruyó el castillo de Koningsberg y bombardeó sin clemencia el resto de la ciudad. Es entonces posible que el cuarto del ámbar haya sido destruido precisamente por el ejército de Rusia, país que había visto a la habitación ambarina como uno de sus más grandes tesoros. Pero, ¿hay acaso alguna posibilidad de que el cuarto haya sobrevivido? Desde el final de la guerra han sobrado teorías que indican que en realidad el cuarto está, aún ahora, escondido en algún profundo sótano en Kaliningrado o alguna cueva secreta en las montañas europeas. Pero la realidad es que, a pesar de la insistencia de cientos de investigadores y arqueólogos en Rusia y Alemania, nadie puede decir con certeza qué ocurrió realmente con el legendario cuarto de San Petersburgo. En 1997, como una muestra de lo poco que la guerra dejó del célebre lugar, la familia de un soldado alemán que había sido uno de los encargados de desmantelar el cuarto durante el sitio de San Petersburgo admitió tener en su poder un mosaico italiano que alguna vez fue parte del cuarto del ámbar. La pequeña pieza, con un cofre también recobrado, fue devuelta a Rusia. Sólo dos piezas minúsculas de lo que en otro tiempo fueron toneladas de riqueza y maestría artística. Una muestra más de la destrucción indescriptible de la guerra.

La biblioteca de
Alejandría

De todos los objetos perdidos a lo largo de la historia humana, ninguno duele más que los libros. Es imposible saber cuántas obras se han extraviado con el paso del tiempo. Pero lo cierto es que la humanidad ha perdido libros de un inmenso valor artístico y filosófico: obras de Shakespeare, varios tomos mencionados en la Biblia, incontables obras del mundo clásico y cientos de poemas, obras y hasta novelas de autores modernos. Es triste decirlo, pero es verdad: ahí, en el polvo inclemente del tiempo, se ha quedado buena parte del conocimiento humano.

Estas grandes obras se han extraviado por la negligencia de quienes debieron preservarlas, por caprichos del autor o sus descendientes, por simple y llana mala suerte o por censura de autoridades religiosas, como lo ocurrido en el aberrante episodio conocido como la "Hoguera de las vanidades", promovido y perpetrado por Girolamo de Savonarola en el siglo XV en Florencia, donde el fanático dominico ordenó quemar cientos de pinturas y libros que consideraba "impropios". Pero ninguna pérdida bibliográfica puede compararse a la que ocurrió en algún momento de la primera mitad del primer milenio de nuestra era en la legendaria ciudad egipcia de Alejandría, cuna del conocimiento universal durante al menos quinientos años.

La biblioteca de Alejandría fue creada por la dinastía tolemaica, admiradora de la cultura helénica que había formado a Alejandro Magno, fundador de la ciudad, alrededor del año 280 antes de Cristo. La magna biblioteca tenía como objetivo la procuración del conocimiento de lo que hoy conocemos como el mundo clásico. De acuerdo con la leyenda, la primera colección que la biblioteca albergó fue nada menos y nada más que la colección privada de Aristóteles. Con el paso de los años, el de Alejandría se convertiría en el archivo más grande de la época, reuniendo la asombrosa cantidad de setecientos mil documentos y obras escritas a mano en rollos de papiro. Entre ellos se encontraban obras de valor incalculable, hoy trágicamente perdidas en la historia.

En su momento de gloria, en los dos o tres siglos previos a nuestra era, la magna biblioteca real de Alejandría llegó a ser el centro del conocimiento humano. A pesar de que probablemente no era de un tamaño tan grande como insiste su leyenda, la biblioteca indudablemente contaba con una inmensa cantidad de documentos que la convertían, por mucho, en el acervo más importante de la época. Pero no es sólo el número de rollos y papiros lo que impresiona. La dinastía tolemaica contrató a las grandes luminarias de la época para trabajar en el cuidado y estudio de los documentos guardados en el lugar. A lo largo de los años, grandes figuras caminaron por los pasillos hoy perdidos del archivo alejandrino. Desde Euclides, el padre de la geometría, Galeno, el médico más importante de la historia humana, o el mismísimo Arquímedes, genio geométrico, la biblioteca de Alejandría sirvió como residencia para las mayores mentes de una época en la que la humanidad producía auténticas innovaciones científicas, filosóficas y hasta técnicas. Gracias a la generosidad de los patronos de la biblioteca, los expertos residentes y visitantes consiguieron logros maravillosos, como la primera traducción de la Biblia al griego. Además, la adquisición de nuevos textos fue una auténtica obsesión para la dinastía tolemaica. Tanto así que las autoridades del puerto de Alejandría tenían la obligación de decomisar cualquier rollo o papiro encontrado a bordo de naves extranjeras para enriquecer, así, el acervo. De esa manera, la biblioteca se hizo de textos del mundo mediterráneo pero también de mucho más allá de las fronteras del mundo clásico, recogiendo obras de sitios tan lejanos como la India. No es ninguna exageración decir que, sin aquel templo del conocimiento, la cultura humana no sería lo que es hoy. Por desgracia, como ocurre con frecuencia, los seres humanos de aquel tiempo resultaron expertos en destruir lo que más los enriquecía. El destino de la biblioteca de Alejandría fue, a final de cuentas, triste.

Después de ser la sede del conocimiento durante al menos trescientos años, la biblioteca de Alejandría dejó de existir en algún momento de los primeros cuatro siglos de nuestra era. Los detalles del fin del gran archivo alejandrino han dado pie a un debate que persiste hasta el día de hoy. Existen, de acuerdo con los expertos, dos posibles momentos que marcaron la conclusión de ese sueño de cultura incluyente y universal que fue la biblioteca de Alejandría. El primer posible culpable fue Julio

César. El célebre emperador romano se vio sitiado en Alejandría alrededor del año 47 antes de Cristo. Desesperado, César prendió fuego a los muelles de la ciudad. No es imposible que ese incendio haya llegado hasta las mismas puertas de la biblioteca, consumiendo en poco tiempo el magnífico acervo. Pero César no es el único sospechoso de ese crimen inenarrable. Hay quien dice que la responsabilidad la tienen los primeros cristianos, que arrasaron con buena parte de los templos paganos a finales del siglo IV de nuestra era. El auge cristiano en el mundo mediterráneo convirtió a la hermosa ciudad de Alejandría en cuna de recelo y resentimiento entre dos interpretaciones cosmogónicas irreconciliables: la del mundo clásico y la de la nueva era cristiana. A lo largo del siglo V, la sociedad alejandrina se vería ultrajada por la nueva religión. Varias luminarias adelantadas a su época, como la célebre filósofa Hypatia, perderían la vida por rencores religiosos. Es probable que la biblioteca de Alejandría sufriera el mismo destino en un mundo que había decidido darle la espalda, como tantas otras veces a lo largo de la historia, al humanismo.

Pero hay algo más allá del doloroso debate sobre los detalles del fin de la gran biblioteca de Alejandría. Lo cierto es que, en algún momento de la primera mitad del primer milenio de nuestra era, la biblioteca desapareció. Pero, ¿qué queda de ella? ¿Es posible encontrar las ruinas de lo que alguna vez fue el mayor centro de conocimiento humano? Y más interesante aún, ¿será posible hallar algunos de los legendarios documentos con los que contaba el acervo alejandrino? El intento más extraño —pero más emocionante– por recuperar no sólo la biblioteca de Alejandría sino otros vestigios de la Alejandría clásica —como la no menos legendaria tumba de Alejandro Magno— se desarrolló a finales de los años setenta y principios de los ochenta, cortesía de un grupo de arqueólogos psíquicos llamados "El grupo Mobius". Encabezado por un curioso empresario y explorador llamado Stephan Schwartz, el grupo Mobius utilizó una mezcla de herramientas arqueológicas convencionales con sonares de gran profundidad, incluso intentos espiritistas para localizar los tesoros que aún puede esconder el puerto de Alejandría. De acuerdo con el fundador del grupo, la misión resultó un éxito. En mayo de 1979, el equipo de exploradores descubrió varios vestigios y un importante número de reliquias en las aguas de Alejandría, que esconden, como es sabido, uno de los mayores botines arqueológicos de la humanidad. De acuerdo con Schwartz, el grupo incluso halló lo que podrían ser las ruinas de la casa de Marco Antonio en Alejandría. Pero el mayor descubrimiento de todos eludió al grupo Mobius, que no encontró rastro alguno de la magna biblioteca. ¿Estará perdida para toda la eternidad? Una expedición mucho más reciente piensa lo contrario

La leyenda de la biblioteca de Alejandría tiene un final muy similar a la historia perdida de muchas de las otras grandes reliquias de la antigüedad: encontrar su verdadero paradero es un sueño posible, pero enormemente complicado. Pero eso no quiere decir que los expertos en arqueología egipcia no lo hayan intentado por décadas. El experimento más potencialmente exitoso sucedió apenas hace algunos años. Corría el año del 2004 cuando un equipo compuesto por arqueólogos egipcios y polacos encontró lo que parece ser una serie de al menos trece salas de lectura y exposición y un auditorio de gran tamaño. Las salas incluían los restos de podios donde algún conferenciante podía tomar la palabra para exponer un tema de relevancia. La capacidad total de las salas de conferencia alcanzaba las cinco mil personas, una cifra notable para la época. El descubrimiento refuerza la noción —en caso, claro, de que se trate en efecto de la legendaria biblioteca— de que el acervo alejandrino no era sólo un archivo de documentos sino una universidad en toda la extensión de la palabra. Por desgracia, el equipo de arqueólogos no encontró ni una sola prueba de la existencia de los cientos de miles de papiros que, de acuerdo con la leyenda, descansaban en los estantes de la biblioteca. ¿Será posible que la biblioteca de Alejandría no fuera, después de todo, un repositorio de obras bibliográficas sino simplemente un muy admirable centro de estudios? Los expertos lo dudan. Las referencias históricas a la biblioteca —y a su acervo— son muchas e incuestionables. Lo más probable, entonces, sea que los restos de la biblioteca estén escondidos, como tantas otras maravillas, en los cimientos de la inmensa ciudad moderna de Alejandría. A la espera de algún osado arqueólogo que, un día de estos, sorprenda al mundo con su hallazgo.

El manuscrito Voynich

Con el paso de los siglos, la humanidad ha perdido miles, quizá millones de textos que guardaban secretos artísticos, científicos e históricos. Los papiros de la legendaria biblioteca de Alejandría, como he anotado, se han extraviado en el tiempo, llevándose consigo buena parte de la memoria del mundo clásico. Lo mismo puede decirse de muchas otras obras literarias que alguna vez fueron parte del acervo de la humanidad y ahora son sólo un recuerdo, realidades de tiempos que no volverán jamás. Por eso, uno de los grandes sueños de quien aún cree en la magia es encontrar en algún sitio un libro perdido que guarde secretos de la antigüedad: algo desconocido, una clave para entender nuestro pasado, nuestro presente y, quizá, nuestro futuro.

Increíblemente, archivado en la Biblioteca Beinecke de Libros Raros y Manuscritos de la Universidad de Yale, existe un tomo que podría ser exactamente eso: una ventana hacia un mundo fascinante y hasta ahora inexplorado. Se trata del llamado Manuscrito Voynich, una colección de ilustraciones extrañas y un texto largo y enigmático escrito en una lengua o código hermético, imposible, hasta ahora, de descifrar. El libro, presuntamente creado en algún momento de los inicios del siglo XV, incluye imágenes perturbadoras que han eludido el análisis de los criptógrafos más extraordinarios de la humanidad desde que salió a la luz de manera célebre a finales del siglo XIX, gracias al trabajo de un bibliófilo llamado Wilfrid Voynich. Aunque muchos lo han intentado, nadie realmente ha logrado resolver el extraño código detrás de las más de doscientas páginas que incluye el manuscrito.

El misterio comienza con el autor de la obra. A lo largo de los siglos, los estudiosos han propuesto una larga lista de posibles autores para el libro. Hay quien dice que el manuscrito Voynich es obra de Roger Bacon, el célebre franciscano del siglo XII conocido por sus estudios astrológicos y científicos. Algunos más piensan que en realidad fue escrito e ilustrado por el mismísimo Leonardo Da Vinci, un hombre asiduo a los acertijos sofisticados y, sobra decirlo, a la reflexión científica. Pero todas son especulaciones. Como todo lo relacionado con el libro que descansa en la mítica biblioteca en Yale, la autoría de esas páginas luminosas es un misterio. Pero eso es sólo el principio de una historia asombrosa.

El manuscrito Voynich incluye ilustraciones de plantas jamás vistas, aparentes representaciones de cuerpos celestes desconocidos y cuerpos desnudos inmersos en ríos de un líquido de color oscuro. Además, está escrito en una lengua claramente extraña, que no guarda relación con ninguna de las conocidas en nuestros tiempos. ¿Qué hay detrás de este enigma prácticamente indescifrable? Para tratar de entenderlo primero hay que repasar el oscuro trayecto del manuscrito a través de la historia. La primera pregunta es cuándo fue escrito. Durante el siglo XX, los expertos supusieron que su origen podría ubicarse en algún momento del siglo XV o XVI. En el 2009, gracias a una prueba de carbono 14, finalmente se supo que el misterioso autor del manuscrito Voynich lo escribió alrededor del año 1420. Aun así, las primeras menciones conocidas del libro datan de casi doscientos años después, cuando un alquimista y un monje jesuita se refieren a la obra en un intercambio epistolar. Se sabe que el libro finalmente llegó a manos de otro jesuita, llamado Athanasius Kirchner, a finales del siglo XVII. Después, durante casi dos siglos, el tomo volvió a desparecer. La mayoría de las versiones refieren que probablemente estuvo oculto en alguna de las muchas bibliotecas vaticanas de Roma ligadas a la orden jesuita. En cualquier caso, para principios del siglo XX, el libro aparecería de nuevo. Y, con él, todos sus secretos.

En 1912, Wilfrid Voynich, un afamado coleccionista y vendedor de libros extraños, viajó a Italia para adquirir algunos tomos. Fue así como llegó hasta el colegio jesuita de Villa Mondragone, cerca de la capital italiana. Voynich quería comprar alguno de los magníficos tomos que los jesuitas habían puesto a la venta para salir de una complicada situación económica. Como en una película de misterio, Voynich encontró, en un baúl, un libro que incluía ilustraciones y textos arcanos. Fascinado, decidió llevárselo. Con el manuscrito bajo el brazo, Voynich viajó de vuelta a Inglaterra. Seguramente desconocía la historia extraordinaria que su extraña compra estaba a punto de desatar.

Al regresar a Inglaterra con el inescrutable manuscrito comprado en Italia, WIlfrid Voynich, el experto en libros raros más famoso de su tiempo, trató de descifrar el extraño lenguaje y las todavía más singulares imágenes que contenía. Para hacerlo, pidió ayuda a varios expertos en códigos literarios. Nadie tuvo éxito. Lo más que logró avanzar Voynich en el difícil proceso de decodificación del manuscrito fue identificar las seis secciones que incluía el texto: herbolaria, astronomía, biología, cosmología, farmacéutica y un recetario encaminado también al estudio de remedios. Desesperado ante la falta de información sobre el extraño manuscrito, Voynich decidió venderlo. Pero no tuvo éxito. Por la razón que sea, y a pesar de los varios intentos realizados por el gran bibliófilo frente a su amplia clientela, nadie estaba interesado en adquirirlo. Alrededor de 1960, la viuda de Voynich regaló el libro a una amiga cercana quien consiguió vendérselo a otro experto vendedor de libros raros: Hans Kraus. Kraus seguramente pensó que haría una fortuna con el manuscrito conseguido originalmente por Voynich. Para entonces, el misterio del libro comenzaba a crecer. De manera increíble, Kraus tampoco encontró compradores. Harto, decidió donarlo a la universidad de Yale, donde descansa desde 1969.

A lo largo de los años, decenas de investigadores han tratado de comprender qué existe detrás del código literario y pictórico del texto. Para algunos, el manuscrito Voynich no es más que una elaborada broma. La dificultad de encontrarle significado ha generado la sospecha de que quizá no hay nada que descifrar. Los escépticos piensan que el manuscrito no es otra cosa más que una cruel broma creada para engañar a algún entusiasta de la herbolaria en la Edad Media, un supuesto compendio médico para entusiasmar a algún crédulo que, al verlo, pudiera pagar una suma considerable por hacerse de sus hipotéticos secretos. Pero los argumentos de los escépticos carecen de fuerza: es mucha la evidencia que respalda la idea de que el manuscrito es auténtico.

A pesar de las dudas generadas alrededor de su verosimilitud, hay varias pruebas que señalan que, primero, el manuscrito Voynich se trata de un documento creado con materiales del siglo xv y, después, incluye algún tipo de lenguaje fidedigno que, por razones desconocidas, aún resulta imposible de descifrar. Las pruebas de carbono 14 realizadas a la tinta y al material del libro concluyeron sin lugar a dudas que ambos provienen de principios del siglo xv, eliminando cualquier duda sobre el momento en el que fue creado originalmente el manuscrito. ¿Pero qué hay de las imágenes y —más importante aún— del idioma? Lo primero que hay que establecer es si el lenguaje en el que está escrito, constituye una lengua de verdad, o si es sólo un invento perpetrado por algún bromista que vivió hace más de seiscientos años. La primera gran prueba de que el lenguaje del manuscrito Voynich es real, es un dato que los autores del libro no podían conocer cuando lo escribieron, dado que fue descubierto quinientos años después de su creación. Se trata de la llamada "ley de Zipf", ideada por el lingüista George Zipf. Zipf explicaba que hay una frecuencia universal de palabras cortas y largas en todas las lenguas humanas. Para que un idioma sea creíble, debe respetar los parámetros establecidos en la ley de Zipf. El lenguaje del manuscrito Voynich encaja perfectamente con esos parámetros: su frecuencia de palabras cortas y largas es equivalente a la de muchos otros idiomas que utilizamos ahora mismo. Pero las similitudes con otras lenguas terminan ahí. El alfabeto del manuscrito no se parece a ningún otro idioma conocido ahora o en los seiscientos años desde la escritura del libro.

A lo largo de los años, literalmente cientos de académicos del más alto nivel han tratado de establecer un código de posible traducción. No han tenido éxito. Por la razón que sea, el manuscrito Voynich simplemente se niega a revelar sus secretos, al menos los que guarda en sus doscientas cuarenta páginas. ¿Pero qué hay de las ilustraciones, esa colección fantástica de plantas, animales, constelaciones y mujeres desnudas en lo que parece ser estanques de agua verde? Como para el resto del extraño manuscrito, para las imágenes del libro hay una y mil explicaciones. Quizá la más interesante data de finales de los años ochenta, cuando el analista Leo Levitov propuso que las imágenes de las mujeres desnudas no representaban otra cosa más que uno de los ritos polémicos de una de las sectas más perseguidas de los últimos mil años de la humanidad: los cátaros.

Para Levitov, el manuscrito Voynich representa uno de los últimos legados de los cátaros, un derivado del cristianismo que vivió días de gloria —y de severa confrontación con la Iglesia Católica— entre los siglo X y XIII. El catarismo creía en la existencia de dos mundos en eterno conflicto creados por una figura maligna y otra benigna. Y tenía prácticas extrañas. Una de ellas era un ritual llamado "endura", que sirvió a Levitov como base para formar su muy particular teoría del origen y significado de las ilustraciones del manuscrito Voynich. El ritual cátaro era un proceso de suicidio lento y sagrado. De acuerdo con Levitov, los fieles se abrían las venas para derramar la sangre en enormes tinajas llenas de agua o, quizá, en estanques. Para Levitov, las imágenes de las mujeres en el libro Voynich sugieren precisamente la representación del protocolo de suicidio cátaro. En esta versión, las plantas que adornan otras páginas del libro deben ser interpretadas como parte de una celebración de la fe cátara. ¿Y qué hay del extraño lenguaje en el que está escrito el manuscrito? De acuerdo con Levitov se trata de una mezcla de idiomas centroeuropeos escrita para ser comprendida más por los antiguos cátaros, que tenían sus referencias culturales en Francia y otras zonas de Europa, que por los católicos de Roma, que referían todo hacia el latín.

La teoría de Levitov agitó las aguas de los estudiosos del código Voynich. Pero muchos la descartaron por falta de evidencia. Las conclusiones de Levitov, decían, tenían mucho de intuición y muy poco de rigor académico. Pero, si el célebre manuscrito medieval no es una representación de la secta cátara, entonces… ¿qué es? Nadie sabe a ciencia cierta. Para algunos, la solución es simple: el Voynich no debe ser visto como un libro que hay que comprender; más bien se trata de algo que se debe admirar. Verlo, pues, como una pieza de arte producto de una imaginación prodigiosa que se dispuso a crear una obra de enorme belleza y encanto irresistible. Es posible que así sea. Pero también puede ser que el gran libro esconda algún secreto que espera a ser descubierto en el momento correcto. Mientras tanto, el manuscrito descansa, tranquilo, en la biblioteca de Yale, en el norte de Estados Unidos. Ahí, sigue esperando.

La posesión Snedeker

Entre los casos famosos de posesión espiritual, hay uno que destaca particularmente. Se trata de la historia de los Snedeker, una familia de clase media que, al mudarse a una casa en renta en el estado de Connecticut en el noreste de Estados Unidos a mediados de 1986, desataron la ira de fuerzas misteriosas que estuvieron cerca de quitarles no sólo la tranquilidad sino la vida misma. Es una historia de fantasmas. Es una historia estremecedora.

Los problemas de los Snedeker comenzaron por una lamentable circunstancia: la vida de la familia se había complicado gravemente cuando el hijo mayor, Phillip, resultó diagnosticado con un agresivo cáncer. Las sesiones de quimioterapia eran no sólo costosas sino lejanas: viviendo en Nueva York, Carmen Snedeker tenía que manejar por varias horas para llevar a su hijo hasta el hospital, ubicado en el estado de Connecticut. El camino de vuelta a casa era tan incómodo y doloroso para Phillip, que madre e hijo hacían varias paradas en el trayecto para que el muchacho vomitara. Harta de ver sufrir a su hijo, Carmen decidió mudar a su familia más cerca del lugar donde Phillip recibía sus agresivos tratamientos. Sería una grave equivocación.

Desesperada por encontrar un hogar lo antes posible, la madre de los Snedeker decidió rentar una casa de muy buen tamaño y magnífico precio en la zona residencial de Southington. Aquello era una verdadera mansión y, por el costo, una auténtica ganga con recámaras al por mayor y hasta un sótano de gran tamaño. Sin averiguar más, Carmen Snedeker firmó los papeles con su esposo Allen y la familia se mudó al poco tiempo. La falta de cuidado y curiosidad a la hora de rentar la enigmática casa costaría muy caro a los Snedeker. Porque, a diferencia de otras residencias cercanas, la mansión en el número 208 de la Avenida Meridien no era una casa cualquiera.

No pasó mucho tiempo para que la familia Snedeker comenzara a vivir la pesadilla que les robaría dos largos años de tranquilidad. El descuido a la hora de averiguar la verdadera historia de la casa que acababan de rentar no tardaría en pasarles una onerosa factura emocional. El principio de la dramática serie de episodios violentos ocurrió cuando Carmen Snedeker hizo un descubrimiento aterrador en el sótano de la casa. Ahí, escondido detrás de materiales de construcción y cajas, estaban instrumentos claramente usados para embalsamar cuerpos. La sorpresa fue mayúscula para la familia entera: de golpe, comprendieron que la casa que habían rentado para solucionar la difícil situación por la que atravesaba su hijo mayor, enfermo de cáncer, no era otra cosa más que un antiguo velatorio, una casa funeraria por la que habían pasado cientos, quizá miles de cuerpos recién fallecidos.

En efecto, tras averiguar los verdaderos detalles detrás de su extraño hogar, los Snedeker encontraron que su casa había sido conocida como la "Funeraria Hallahan" por décadas. El descubrimiento los sacudió. Pero la salud de Phillip se deterioraba cada vez más. Los costos del tratamiento eran enormes y la familia no aguantaría otra mudanza. Sin recursos ni manera de moverse, los Snedeker estaban atrapados. Y la casa —y sus habitantes sobrenaturales— los harían pasar por un martirio como se han conocido pocos.

Tras descubrir que la hermosa casa que habían rentado en Connecticut había sido una funeraria la familia Snedeker comenzó a vivir una pesadilla. Casi de inmediato, todos fueron acosados por entidades violentas y de una imaginación macabra. Apenas unos días después de descubrir en el sótano la verdad sobre la casa, Carmen Snedeker vivió una experiencia inexplicable en la cocina. Mientras trapeaba, el agua limpia que había echado al piso comenzó a tomar un tono rojizo que, de acuerdo con el testimonio de la familia, parecía sangre. El líquido despedía un olor insoportable, similar a la putrefacción. En otro momento, los platos que la familia había acomodado para cenar en la mesa de la cocina volaron contra la pared, casi decapitando a uno de los pequeños. Aterrados y sin poder dejar la casa que habían rentado por tener una larga lista de problemas económicos, los Snedeker decidieron poner su destino en manos de la fe. Colgaron crucifijos en cada pared y empezaron a utilizar rosarios como pulseras o collares a la hora de dormir. La presencia religiosa sentó muy mal a los espíritus de la casa de los Snedeker. Los crucifijos no duraban más de un día en su sitio antes de caer estrepitosamente, como si alguien los hubiera aventado desde gran altura. El gesto de los rosarios resultó mucho peor. Ahí, los espíritus de la casa decidieron agredir directamente a un miembro de la familia Snedeker. Tammy, una sobrina, tendría un enfrentamiento directo con un espíritu muy, pero muy enojado.

La historia del encuentro de la familia Snedeker y los demonios que habitaban la antigua funeraria convertida en vivienda en Southington, Connecticut alcanzó un clímax preocupante una noche en la recámara de Tammy, la joven sobrina de los Snedeker que, por problemas familiares, había decidido ir a vivir con sus tíos. Creyente y temerosa, Tammy acostumbraba dormir con un rosario alrededor del cuello a manera de protección. Una noche, de la nada y mientras dormía, la joven mujer fue atacada en su propia cama por una serie de manos invisible que la tomaron violentamente de los brazos y el cuello. En el forcejeo, uno de los espíritus arrancó el rosario a la chica, provocándole rasguños severos. Ese sería el principio de una etapa cruel para los Snedeker. La presencia de los demonios era cada vez más fuerte, y sus acciones más osadas. Algunos, incluso, se hicieron perceptibles a la vista. Carmen Snedeker, la madre de familia, los recuerda como inmensamente poderosos. De acuerdo con la señora Snedeker, el peor era un hombre muy delgado con pómulos marcados, pelo largo y negro y ojos oscuros. Esta y otras entidades espirituales insistieron, por meses, en molestar y asustar a la ya de por sí aterrada familia. Los sucesos en la casa empezaron a afectar la personalidad de los niños. Phillip, el mayor y enfermo de cáncer, se volvió un muchacho agresivo y retraído. La casa comenzó a despedir un aroma insoportable, similar al que emite un cuerpo en proceso de descomposición.

Para el año de 1987, la paciencia y la estabilidad emocional de la familia Snedeker habían llegado a su fin. Un año de abuso les había pasado una dolorosa factura. La personalidad de los adolescentes de la familia eran ya completamente distintas, y el matrimonio entre Carmen y Allen Snedeker estaba cerca del colapso. Mientras tanto, los actos de los espíritus de la mansión poseída en la que habitaban subían de tono a cada minuto. Desesperados, los Snedeker decidieron llamar a la pareja de psíquicos más famosos de la época: Ed y Lorraine Warren, los mismos que años antes habían analizado a fondo la posesión de la famosa mansión de Amityville. Los Warren trabajaron y vivieron en la casa de los Snedeker durante nueve largas semanas. Fue un periodo difícil. Como si los demonios sintieran la presencia de los afamados psíquicos, la casa comenzó a reaccionar con violencia. John Zaffis, un miembro del equipo de investigación, pudo ver varias apariciones que, según dijo después, trataron de atacarlo y despedían un olor nauseabundo. "Nunca he estado más asustado en toda mi vida", dijo. Al final, los Warren llegaron a una conclusión extrema: la casa necesitaba un exorcismo.

El proceso fue particularmente complicado. Los presentes recuerdan que la casa entera se sacudió como si fuera un cuerpo en pleno ritual de expulsión espiritual. No hubo mueble que no se moviera ni tubería que no crujiera. Después del proceso —que duraría varias horas— la casa entró en una calma singular. Lo que antes había sido un infierno se había convertido, de la nada, en un lugar tranquilo. Como por arte de magia, la actividad paranormal se detuvo. La calma inundó el lugar. Dicen quienes lo vivieron que la diferencia fue inmediata y tan clara como la que hay entre el día y la noche.

De manera asombrosa, los Snedeker vivieron ahí unos meses más y después se mudaron. Desde entonces, la casa no ha vuelto a registrar incidente alguno. Pero, ¿por qué ocurrió la posesión demoniaca de la casa? De acuerdo con los investigadores de lo paranormal, los dueños de la funeraria profanaban los cuerpos de manera terrible. La corrupción de los cientos de restos desató el dolor de almas que, agraviadas, buscaban venganza. Si eso es verdad, tal vez es posible afirmar que el dolor humano no termina con la muerte. Quizá apenas empieza.

El hombre gris de
Ben Macdhui

A lo largo de la historia, el hombre ha especulado sobre la posibilidad de que algunas partes del mundo cuenten con puntos de acceso a otras dimensiones o energías. En estos lugares nos encontramos desvalidos frente a lo desconocido, abrumados por fuerzas poderosas que simplemente no reconocemos porque escapan del terreno de lo humano. Para muchos investigadores de lo paranormal, esas zonas representan lo más cerca que los hombres estaremos de la divinidad. Se trata de sitios sagrados donde el ser humano deja por un momento la seguridad de la Tierra para internarse, a veces sólo por segundos, en otra dimensión. La posibilidad de que existan ese tipo de lugares ha fascinado, desde siempre, a la cultura popular. Desde la isla de *Perdidos*, hasta el famoso programa de televisión llamado, precisamente, *Dimensión desconocida*, la imaginación de muchos ha intentado recrear la posibilidad de encontrarse, de pronto, en otro mundo dentro de nuestro propio planeta.

Pero, ¿hay alguna prueba que sugiera que un lugar así, que una dimensión oculta, realmente se halla sobre la faz de la Tierra? ¿Algún sitio donde sea posible sentir la presencia no sólo de un ambiente no humano, sino de encontrarse con seres que desafían nuestra comprensión? Si hacemos caso a una de las leyendas más extraordinarias de Gran Bretaña, ese lugar existe y ha existido por siglos entre los bellos paisajes de las cumbres escocesas. Es ahí, en los montes Grampianos, una de las cadenas montañosas más imponentes de Escocia, donde se levanta la cumbre conocida como Ben Macdhui, el segundo pico más elevado de la gran isla británica. De una belleza excepcional, Ben Macdhui ha sido visitada durante siglos por alpinistas y exploradores que van en busca de la serenidad característica del altiplano escocés. Pero lo cierto es que no siempre han hallado ese sosiego. Algunos se han topado con todo lo contrario. Para su desgracia, muchos alpinistas han tenido la mala fortuna de encontrarse con un fenómeno conocido como "El hombre gris", algo inexplicable que otros simplemente llaman "El gran pánico".

Aunque fue parte del folclor escocés por siglos, la historia perdida del hombre gris de Ben Macdhui alcanzó fama internacional en 1925. Fue entonces cuando uno de los alpinistas y científicos más prestigiados de la Inglaterra victoriana reveló una anécdota que, de haber sido narrada por alguien más, habría sido desacreditada de inmediato. Norman Collie, importante hombre de ciencia y miembro de la mítica Real Sociedad Inglesa —donde se congregan las mentes más brillantes del Reino Unido desde mediados del siglo XVII—, contó durante una reunión en la ciudad de Aberdeen algo que le había ocurrido en sus años de juventud. Corría el año de 1890. Collie, entonces de apenas treinta y un años, llevaba algunas horas caminando por Ben Macdhui cuando de pronto vio aparecer un banco de niebla. Collie continuó con su camino. Fue entonces que, de la nada, sintió que alguien lo seguía. Incluso aseguraba haber escuchado el crujir de las ramas causado por pasos grandes y poderosos. Abrumado por el pánico, comenzó a correr despavorido. Después de huir sin parar por kilómetros, se detuvo. Al mirar hacia la montaña notó que no había rastro alguno de su perseguidor. Parecía como si lo que le había provocado ese ataque de pánico no fuera otra cosa más que la montaña misma, el *lugar mismo* por el que había caminado.

No pasó mucho tiempo, sin embargo, para que Collie —y el mundo entero– se enterara de historias similares. El doctor Alexander Kellas, otro destacado aristócrata y alpinista experto, narró cómo había experimentado la misma sensación durante una expedición a la montaña años antes. Pero no sólo eso. Kellas agregó un elemento hasta entonces sólo conocido en el folclor escocés. De acuerdo con Kellas, lo que realmente había perseguido a Norman Collie era el hombre gris de Ben Macdhui, una figura de largos ropajes grisáceos y enorme estatura que él mismo había encontrado en un paseo por la montaña. Además, Kellas juraba haber sentido un pánico idéntico al de Collie, un terror incontrolable al percibir la presencia cercana del hombre gris. Pero, ¿qué era en realidad la aparición de Ben Macdhui? ¿Un primate enorme como pie grande o quizá algo aún más extraño, algo venido de otra dimensión? Y ¿por qué provocaba semejante pánico?

Lo que hace particularmente interesante a la leyenda del hombre gris de Ben Macdui es que los detalles de las distintas experiencias paranormales sufridas por un gran número de alpinistas en esa cumbre de Escocia son tan diferentes como extrañas. No se trata de una serie de avistamientos de una criatura específica, como en el caso de otras leyendas. Aunque algunos aseguran haber visto al hombre gris, otros testigos dan fe de incidentes que no incluyen la presencia de la misteriosa figura pero sí de la sensación generada en prácticamente todos los episodios ocurrido en la montaña escocesa. Todos los que han tenido la mala fortuna de encontrarse con eso desconocido que está en las alturas de Escocia, concuerdan en que hay zonas de la cumbre que inspiran, de manera inexplicable, un terror inmediato e incomparable. Sobran los testimonios de gente que, al ir caminando, comenzó a sentir un malestar profundo acompañado de un deseo casi instintivo de alejarse de inmediato del lugar. Otros más reportan haber escuchado una especie de zumbido constante que, de acuerdo con algunos testigos, se parece a un suave coro de varias voces a las que es imposible entender. Todos estos inquietantes factores convergen en la montaña Ben Macdhui de Escocia y obligan a una pregunta: ¿qué es lo que en realidad ocurre ahí?

Para algunos, la respuesta está en la posibilidad de que existan no sólo otras dimensiones sino otras etapas de la vida. Para la investigadora psíquica Rosalind Heywood, el sonido que algunos dicen escuchar en el Ben Macdhui no es otra cosa más que una suerte de grabación del más allá. Ella le llama "el canto"; una especie de concentración de voces que, por alguna razón, han decidido reunirse en lugares con gran intensidad emotiva. Heywood aseguraba, por ejemplo, ser capaz de oír "el canto" en cementerios. Pareciera como si los lugares donde la devoción o la intensidad emocional humana ha sido mucha y ha sido frecuente, funcionaran como una especie de caja de resonancia para las experiencias ahí vividas.

Pero eso no explica el pánico que muchos testigos dicen haber sentido en Ben Macdhui. La evidencia y los testimonios de lo ocurrido a lo largo de los años en la montaña de Escocia, indican que el lugar podría contar con una suerte de punto de acceso a una dimensión distinta. Aun así, hay un par de cosas que han fascinado a los expertos por años: la capacidad de la montaña para generar auténtico pánico en sus visitantes y el avistamiento, por siglos, de esa figura extraña, de gran estatura y largos ropajes, conocido popularmente como el hombre gris. ¿Cómo explicar ambos fenómenos? Para algunos especialistas en el mundo paranormal, las dos cosas tienen una misma solución, una respuesta de verdad fascinante. En muchos de los casos, las personas que atraviesan por ese ataque súbito de pánico dan fe de haber visto también a la figura misteriosa que, se dice, habita en la montaña. Así le ocurrió, por ejemplo, a un hombre que narró su historia para Affleck Gray, un historiador escocés que fue, quizá, el mayor conocedor del caso de Ben Macdhui. De acuerdo con el testigo, mientras acampaba en la montaña en una noche por demás tranquila, comenzó a sentir una intensa presión en el pecho, acompañada de una pesadumbre inexplicable. El hombre contaba que los pensamientos comenzaron a revolvérsele como si hubiera ingerido alguna droga. Con trabajo consiguió conciliar el sueño. Pero el gusto le duró poco. A la mitad de la noche, despertó bañado en sudor. Tenía la sensación de que algo estaba justo afuera de su frágil tienda de campaña. Después de unos minutos, aterrado, se asomó. Alcanzó a ver una figura que se alejaba con una gran zancada. De enorme estatura, la criatura tenía una cintura muy pequeña y grandes hombros. Parecía casi flotar. Lo curioso es que, apenas se retiró la aparición, el hombre sintió un intenso alivio. Era como si fuera la misma figura la que trajera consigo el pánico de Ben Macdhui. Y eso abre una posibilidad extraña pero fabulosa.

La leyenda de Ben Macdhui es tan enigmática que ha generado hipótesis igualmente sorprendentes. Hay quien dice que la montaña es el sitio de aterrizaje de viajeros espaciales y que el campo magnético que esas naves dejan provoca una sensación singular en los seres humanos. Otros sugieren que el hombre gris no es otra cosa más que uno de esos visitantes, abandonado por su tribu alienígena hace siglos. Pero de todas las teorías sobre qué es lo que realmente ocurre desde hace siglos en la montaña escocesa de Ben Macdhui, quizá la más interesante —por extraña, por fantástica— sea la propuesta por F.W. Holiday, un experto de lo paranormal que se hiciera célebre por un libro sobre la otra gran leyenda de Escocia, el monstruo del Lago Ness. De acuerdo con Holiday, todas las criaturas misteriosas del mundo pertenecen a algo que llama "la casa de fieras fantasmas", un grupo de seres de otra dimensión que, por alguna razón, se han quedado varadas en éste, nuestro mundo. Pero eso no es lo más interesante. Para el caso particular del hombre gris de Ben Macdhui y el terror que inspira, Holiday ofrece una teoría adicional. Para Holiday, el personaje que habita en la montaña escocesa es Pan, el dios griego conocido en la mitología por sus andanzas en los montes y su gusto por la música. La teoría es fascinante sobre todo por un detalle que llega desde la antigüedad. Pan, representado como un enorme fauno en la mitología griega, era famoso precisamente por causar lo que desde entonces se llamaba "pánico", un ataque irracional de terror y confusión, algo muy parecido a los que, desde hace muchos años, dicen sentir quienes se encuentran cerca del hombre gris de Ben Macdhui. ¿Será posible que el ser que deambula por las cumbres escocesas sea la representación de un antiguo dios del mundo clásico? La explicación suena como un desvarío. Pero, cuando se trata de esa auténtica montaña de la locura que es el imponente Ben Macdhui, quizá todo sea posible.

La desaparición
de la Novena

La fascinante historia militar de la humanidad está llena de misterios. Lo que ocurre en el campo de batalla, sobre todo en aquellos años donde los enfrentamientos duraban días de combate cuerpo a cuerpo, ha ocupado a los historiadores por siglos. Un ejército es un ser vivo que defiende sus propios ideales y persigue sus obsesiones. Nace, crece y muere en el fragor de la batalla y, a veces, en el enigma del paso mismo de la historia. Los siglos que nos antecedieron registran varios casos de ejércitos míticos que, de manera inexplicable, se esfumaron de la faz de la Tierra, sin que nadie sepa, a ciencia cierta, qué ocurrió con ellos. El caso más famoso es el de la Novena Legión de Roma, conocida como "La española".

La Novena fue creada por el mismísimo Julio César alrededor del año 60 antes de Cristo. Ferozmente fiel a su creador, la Novena luchó en las guerras de la Galia —la moderna Francia— y después fue a dar a Hispania –hoy España–, donde triunfó en diversas ocasiones y adquirió su sobrenombre más popular: la Legión Española. Durante la revuelta en contra de César, que terminaría con la muerte del gran emperador romano, la Novena Legión aparentemente se rebeló sólo para ser enviada, tiempo después, a la zona de los Balcanes, donde se destacó por su valentía y rudeza en batalla. Cuenta la leyenda que la Novena jamás perdió de vista que había sido creada por Julio César, un hombre al que los legionarios y sus comandantes recordaban no sólo como una inspiración sino como una figura casi religiosa. Después de décadas en los Balcanes, la Novena de Roma fue enviada a auxiliar en la última gran frontera del imperio: la conquista de Bretaña. La Novena llegó a las modernas tierras inglesas alrededor del año 40 de nuestra era. Ahí viviría épocas de gloria pero, también, se volvería protagonista de uno de los episodios más misteriosos de la historia militar de la humanidad.

Durante al menos un par de décadas es posible saber qué ocurrió con la Novena Legión durante su estancia en Bretaña. Al parecer, en los primeros años, se asentó en la moderna ciudad de Lincoln, donde han sido encontradas algunas tumbas con inscripciones pertenecientes a la Legión. Más adelante, aparentemente, se asentó en York. Alrededor del año 80 de nuestra era, cuando ya llevaba cerca de tres décadas en Bretaña, formó parte importante de una de las campañas más arduas y difíciles de la historia del imperio romano: la lucha contra las tribus del norte de Bretaña, la moderna Escocia. Ahí participó en batallas decisivas bajo el mando del gobernador Julio Agrícola. Tras los triunfos en el norte, la Legión volvió a York donde tuvo años de relativa tranquilidad, ayudando a construir magnas obras de infraestructura. Fue en ese sitio donde vio pasar el final del siglo I de nuestra era. A partir de ese momento, la historia de la Novena entra al terreno de la leyenda.

La Novena Legión desapareció, envuelta en la niebla del misterio, en algún momento de la década que corrió entre los años 110 a 120 de nuestra era. Simplemente se esfumó, casi como un fantasma. Con el paso de los años, muchas teorías han ocupado la imaginación de los estudiosos del caso. ¿Cómo es posible, se preguntan, que una legión —y no cualquier legión— se desvaneciera de la faz de la Tierra sin dejar rastro? Hay quien piensa que simplemente fue desbandada tras décadas de noble servicio a Roma. Otros opinan que se disolvió en un extraño acto de rebelión. Pero hay algunos que aseguran que su destino fue mucho más macabro.

Buena parte de las historias sobre la extinción de la Novena tienen que ver con la posibilidad de que las poderosas tropas romanas hayan encontrado un triste y doloroso final en una de las fronteras más bravas del imperio, la del norte de Bretaña. Esta teoría parte de la idea de que la frontera norte del Imperio romano se mantuvo en constante tensión durante la década que comenzó en el año 110. De acuerdo con estos cálculos, la Novena Legión habría partido alrededor del año 115 a pelear contra las tribus aguerridas y bárbaras de lo que ahora es Escocia. Ahí, en el transcurso de alguna batalla entre la bruma que aún ahora puede verse en Escocia, la Novena fue sorprendida por las tribus rebeldes y simplemente devastada hasta que de ella no quedó nada. En la historia romana existen referencias posteriores a una gran derrota militar que bien podrían indicar que la Novena, una de las legiones más respetadas del imperio, en efecto se encontró con un final sangriento en el campo de batalla. Esta es la versión más popular de la desaparición de la célebre Legión. Incluso ha sido recogida ya en novelas y películas. Pero lo cierto es que poco se sabe sobre su auténtico destino. Lo único incontrovertible es que, para el año 122 de nuestra era, la metrópoli romana ya había enviado a otro célebre destacamento, la Sexta Legión "Victoriosa", para reemplazar a la Novena en Bretaña, borrando cualquier duda de que, al menos, la famosa legión fundada por Julio César ya no se encontraba en la moderna Inglaterra. Eso ha generado diversas especulaciones. ¿Será posible que la Novena Legión no hubiera sido vencida en el campo de batalla escocés sino enviada a otra frontera del cada vez más beligerante imperio de Roma? ¿Será posible que su destino final no haya estado en Bretaña sino en tierras mucho más orientales, mucho más áridas?

Aunque la mayoría de las versiones sobre la desaparición de la Novena Legión romana apuntan hacia un final sangriento en las húmedas tierras de Escocia en algún momento antes del año 120 de nuestra era, lo cierto es que el legendario regimiento fundado por Julio César pudo haber tenido vida por muchos años más. En realidad, cuando se habla de la Novena sólo hay algo seguro: la legión ya no existía a finales del siglo II de nuestra era. En los registros detallados de las fuerzas romanas que datan de esa época ya no se menciona al regimiento. El misterio, entonces, sigue siendo en qué momento y de qué manera desapareció. En los últimos años, la evidencia arqueológica ha abierto una nueva y fascinante posibilidad. Aunque es probable que la Novena en efecto sufriera algún tipo de derrota severa en el campo de batalla en Escocia o alguna zona cercana, lo cierto es que hay grandes posibilidades de que al menos una parte de la Novena sobreviviera la estancia en Bretaña y se dirigiera, por órdenes de la metrópoli, a la Europa continental o incluso al otro extremo del Imperio romano, a Judea. La primera evidencia que respalda esta teoría es el hallazgo en la moderna Holanda de varios mosaicos claramente pertenecientes a la Novena, que datan del año 121, al menos 2 años después de la fecha en que fue supuestamente borrada de la faz de la Tierra en Bretaña. Además de ese descubrimiento arqueológico, también existe evidencia de que varios miembros de la Novena siguieron teniendo una destacada carrera dentro del imperio romano varios años después de la fatídica fecha de la desaparición. Por ejemplo, se han hallado pruebas de que Lucio Emilio Karus, uno de los oficiales de la Novena, fue gobernador de Arabia cuatro décadas después de los últimos registros de su presencia en Bretaña. Pero, entonces, ¿qué ocurrió realmente con la Novena Legión de Roma?

Como es claro, hay muchos destinos imaginables para la Novena Legión de Roma. Es posible que haya desaparecido por completo en las tierras de Escocia en algún momento del final de la década que corrió del 110 al 120 de nuestra era. También resulta creíble que simplemente se haya fragmentado para dirigirse a distintos puntos del Imperio romano hasta desaparecer a finales del siglo II. Pero, de todas estas teorías, ¿cuál es la más probable? Primero hay que repasar la evidencia. Es un hecho que algo le ocurrió a la Novena Legión romana en algún momento de la primera parte del siglo II. Su huella en la historia, que había sido enorme, dejó de sentirse de pronto alrededor de ese momento. Pero también es verdad que la evidencia encontrada en Europa, incluso en Arabia y otras tierras orientales, revela que al menos algunos miembros de la legendaria tropa formada por Julio César sobrevivieron a la calamidad. De esa evidencia es posible concluir que lo más probable es que, en efecto, la Novena Legión de Roma tuvo, si no un final, sí una catastrófica jornada durante alguna campaña probablemente en Escocia. De esa batalla, emergió no sólo diezmada sino prácticamente destruida. Es posible imaginar que los pocos oficiales que sobrevivieron a aquel encuentro con las violentas tribus escocesas se incorporaron a otras legiones y continuaron su carrera militar en nuevas fronteras de Roma, llevando consigo no sólo el recuerdo de la muy gloriosa Novena Legión sino incluso algunas pertenencias que los identificaban, aún, como parte de aquél mítico regimiento. Esto explicaría por qué, siglos después, algunos contados militares romanos fueron enterrados o reconocidos en vida como oficiales de la Novena. Al morir el último de ese regimiento de sobrevivientes, murió también la propia Legión. De ahí que, después del año 200 de nuestra era, la Novena Legión ya no apareciera más en los registros militares romanos, quedando vivo su legado sólo en las crónicas que aún se dignan a recordar a la que fue alguna vez la más bravía de todas las legiones del imperio más glorioso de la historia de la humanidad.

El Mary Celeste

El mar, ese infinito enigma. A lo largo de la historia, sobre todo de la historia antigua, en la que era muy difícil registrar todo lo que ocurría, el mar ha recogido cientos de anécdotas que tienen mucho más de misterio que de certeza: naufragios, barcos perdidos, monstruos que se esconden en las profundidades para luego emerger, sin aviso, para robarle la vida a algún marinero desprevenido.

Desde que el hombre es capaz de usar un bote para transportarse sobre la superficie de las aguas, la vastedad de los mares ha sido motivo de supersticiones y temores. En la enorme mayoría de los casos, los miedos no tienen fundamento alguno. Hasta la fecha no hay evidencia de que un enorme calamar con tentáculos de decenas de metros de largo viva bajo el mar y ataque a la menor provocación, como cuenta la leyenda del Kraken. Pero eso no quiere decir que los mares no escondan cientos de secretos que resultan, hasta el día de hoy, casi imposibles de descifrar. Una de esas historias es la del Mary Celeste, un bergantín —un buque con dos mástiles para velas— que navegaba por el Océano Atlántico a finales del siglo XIX y cuyo destino es quizá uno de los acertijos más extraordinarios de la historia moderna del comercio marítimo.

La historia del Mary Celeste ha fascinado a propios y extraños desde que fuera encontrado deambulando a algunos cientos de kilómetros de la costa de Portugal a finales de 1872. Y no es para menos. Era un auténtico buque fantasma. Flotando en el Atlántico, con las velas prácticamente intactas, el barco mercante escondía una de las historias más dramáticas no sólo del turbulento siglo XIX, sino de toda la apasionante relación entre el hombre —con toda nuestra fragilidad— y el inmenso mar, verdadero amo y señor de nuestro planeta.

El Mary Celeste siempre fue considerado un buque con mala suerte. El barco zarpó por primera vez en 1861 bajo el nombre de *Amazon*. Para su desgracia, su primer capitán perdió la vida tras sólo un par de días al timón, señal considerada por muchos marineros como evidencia de la más desfavorable fortuna. Los siguientes años no fueron mejores para el flamante bergantín: bajo otros mandos, sufrió incendios y colisiones varias, ganándose fama de buque conflictivo. Para principios de la década de 1870, el *Amazon* fue vendido a la compañía mercante Winchester, con sede en el puerto de Nueva York. La empresa se dedicó a reparar el maltrecho bergantín. Para 1872, bautizado ahora como Mary Celeste, el barco estaba listo para comenzar una nueva vida en altamar. Para sacarle provecho al Mary Celeste, Winchester entró en sociedad con un joven y flemático capitán llamado Benjamín Briggs. Interesado en garantizarle una vida a su naciente familia, Briggs compró una participación en el Mary Celeste y se comprometió a guiarlo hasta el Mediterráneo transportando diversas mercancías.

Bajo el mando de Briggs, parecía como si los días de infortunios del buque hubieran quedado en el olvido. El capitán no tardó en conseguir una encomienda con un cargamento que le dejaría una buena cantidad de dinero: mil setecientos barriles de alcohol para el mercado italiano. Briggs reunió a una tripulación de menos de diez hombres de su entera confianza e invitó a bordo a su mujer Sara y a su hija Sofía, de apenas dos años de edad. Tan seguro estaba de volver a casa sano y salvo que Briggs dejó tras de sí a su hijo Arthur, de siete años. El 4 de noviembre de 1872, Briggs y su esposa cenaron con una pareja de amigos: David Moorehouse, capitán del bergantín *Dei Gratia*, y su esposa. Moorehouse habría de zarpar con la misma ruta que Briggs una semana más tarde. Al final de la noche, ambos hombres se desearon suerte y prometieron cuidarse en la travesía. Briggs zarparía al día siguiente rumbo a Italia. Ni David Moorehouse ni nadie más lo verían con vida de nuevo.

En la mañana del 5 de diciembre de 1872, el capitán Moorehouse seguramente no imaginaba lo que el destino le deparaba: un amargo papel en la historia marítima del siglo XIX. Había pasado casi un mes de que había visto zarpar a su amigo Benjamín Briggs al timón del navío mercante Mary Celeste en el puerto de Nueva York. Para entonces, seguramente pensaba Moorehouse, el Mary Celeste ya estaría anclado en Génova, entregando el cargamento de alcohol que se le había encomendado llevar a Europa. Pero el destino del buque de Briggs había sido muy diferente.

En algún momento de ese día fatídico, la tripulación del *Dei Gratia* avistó un barco de vela deambulando a algunos cientos de kilómetros de la costa de Portugal, relativamente cerca de las islas Azores, en pleno Océano Atlántico. Después de un par de jornadas rudas, el mar estaba enojado: el *Dei Gratia* tardó un largo rato en acercarse lo suficiente al barco a la deriva como para reconocerlo plenamente. Para el horror del capitán Moorehouse, el buque aquel no era otro que el Mary Celeste. Tras un largo rato, la tripulación del *Dei Gratia* decidió botar uno de sus pequeños navíos de rescate para acercarse al misterioso barco que parecía estar completamente desierto. Moorehouse envío a investigar a Oliver Deveau, su primer oficial. Lentamente, Deveau remó hasta el Mary Celeste. Con cuidado, subió a bordo. Lo que encontró representa, hasta nuestros días, un misterio sin respuesta. No había rastro alguno ni del capitán Briggs ni de su familia. Tampoco del resto de la tripulación. Con la excepción de nueve toneles de alcohol, toda la carga que llevaba dentro el Mary Celeste estaba intacta. No había huella alguna de violencia. Los documentos del barco estaban seguros, lo mismo que todas las pertenencias de los tripulantes. La parte baja del barco registraba una leve inundación, pero nada para alarmarse. Lo único que faltaba era el pequeño bote salvavidas, señal inequívoca de que en algún momento de los últimos días, el capitán Benjamín Briggs había decidido abandonar el Mary Celeste. Pero, ¿qué le había llevado a esa decisión? ¡Y con semejante urgencia!

Después de descubrir el Mary Celeste abandonado en alta mar, el capitán del *Dei Gratia* decidió pedirle a su primer oficial que lo llevara a buen puerto. Así, seis días después del macabro encuentro con el bergantín fantasma, el *Dei Gratia* de David Moorehouse llegó a Gibraltar acompañado del Mary Celeste, comandado por Oliver Deveau. La historia del misterio del Mary Celeste corrió como pólvora en el puerto y, de ahí, al resto del mundo. Las autoridades británicas no tardaron en comenzar una investigación. Las primeras conclusiones sugerían que la tripulación se había amotinado, asesinando al capitán y huyendo en el bote salvavidas también desaparecido. Esta posibilidad no fue bien recibida en Estados Unidos, donde los representantes de la marina mercante subrayaron la honestidad no sólo del capitán Briggs sino de su tripulación, todos hombres serios, seleccionados por Briggs precisamente por su estricto código de valores. Además, la teoría del motín no tenía sustento práctico. Después de todo, a bordo del Mary Celeste habían quedado intactas todas las pertenencias de la tripulación. Si los marinos hubieran ejecutado a su capitán para luego escapar, seguramente se habrían llevado sus efectos personales y el poco dinero que tenían.

Descartada esa teoría, las autoridades británicas trataron de crear otras posibles explicaciones para lo acontecido. Para su desgracia, ninguna encontró sustento. La desaparición de la tripulación del Mary Celeste simplemente desafiaba la lógica de finales del siglo XIX. Para marzo de 1873, los investigadores se vieron obligados a admitir que no tenían ninguna aclaración convincente para la tragedia. Aquella sería la primera vez que el almirantazgo británico concluyera sin éxito una indagatoria. El Mary Celeste volvió al puerto de Nueva York, donde fue vendido de inmediato. Duraría once años más surcando los mares y cosechando mala suerte. La misteriosa tragedia ocurrida en 1872 parecía pesarle al barco como una sentencia de muerte. El bergantín encontró su final alrededor de 1884, cuando su último dueño lo encalló a propósito para quedarse con el seguro del barco. El capitán, de apellido Parker, no conseguiría su objetivo.

La corte lo halló culpable. Apenas ocho meses más tarde, aquejado por intensas pesadillas, Parker moriría. Era, quizá, la maldición del Mary Celeste.

Hace más de ciento treinta años que el bergantín maldito conocido como Mary Celeste descansa en algún lugar del oriente del Mar Caribe. Su leyenda, sin embargo, sigue viva. Desde finales de 1872, el Mary Celeste ha generado incontables teorías para explicar la desaparición de sus ocho tripulantes y dos pasajeros. Desde un posible fraude hasta el pánico generado por una amenaza de hundimiento súbito o incluso un ataque de fuerzas extraterrestres en pleno Océano Atlántico. Los expertos han puesto casi todas las hipótesis imaginables sobre la mesa. La mayoría han sido descartadas. La ciencia o el mismo sentido común han hecho difícil encontrar una explicación convincente que resuelva el enigma del bergantín. En los últimos años, sin embargo, una teoría ha ganado fuerza. Tiene que ver con el cargamento que llevaba en las entrañas.

El capitán Benjamín Briggs era un hombre intensamente conservador y jamás había transportado alcohol, una sustancia de la que sospechaba y que evitaba de manera literalmente religiosa. De acuerdo con la posible solución a este centenario enigma, la presión de las barricas de alcohol dentro del barco pudo haber variado con el cambio de temperatura durante el viaje, algo completamente normal. Eso pudo provocar que algunos barriles estallaran, liberando gases y generando explosiones que, a los ojos de un capitán experimentado en la transportación de alcohol, habrían sido vistas como algo esperado y controlable. Pero Benjamín Briggs no tenía entendimiento alguno del alcohol como cargamento marítimo. Cuando nueve de las barricas reventaron, Briggs pudo haber perdido la calma y ordenado la evacuación inmediata de su barco. Desesperados, los marinos del Mary Celeste habrían abordado el bote salvavidas. Para su desgracia, la prisa habría evitado que tomaran una precaución indispensable: asegurar el bote al barco. Así, seguramente por el oleaje de la zona, el Mary Celeste se habría alejado de los marinos que quedaron a la deriva, solos y sin recursos, en medio del inmenso Océano Atlántico. Su destino habría sido una muerte lenta y cruel.

La teoría del alcohol tiene sentido. Pero aun así, no hay manera de garantizar su verosimilitud. Después de todo, nadie halló los restos de la tripulación ni del bote salvavidas donde supuestamente murieron. Y eso es suficiente como para dejar la terrible historia del Mary Celeste en la bruma del misterio.

"La gran bestia",
Aleister Crowley

En la antigüedad, la figura del hechicero era cosa de todos los días. Los misterios de la naturaleza eran tantos y tan incomprensibles que la única manera de encontrarle sentido a la vida era a través de la magia. Los hechiceros curaban a los enfermos, conspiraban entre los políticos y aconsejaban a la clase real. Eran, en muchos sentidos, los intérpretes de su época: al mismo tiempo, médicos, sacerdotes, sabios y magos. Desde el Mundo Clásico hasta la Edad Media, la historia guarda decenas de hombres y mujeres conocidos por tener un agudo sentido del estudio científico pero también una relación especial con el mundo espiritual. Ese es el caso, por ejemplo, de Alberto Magno, un célebre teólogo y científico que viviera en la moderna Alemania en el siglo XIII. Hombre de profunda sofisticación, Alberto "El grande" fue maestro de varias generaciones de filósofos y pensadores. Pero no sólo eso: de acuerdo con la leyenda, su curiosidad rebasaba al conocimiento convencional. Ansioso por descubrir los secretos del mundo de su tiempo, Alberto comenzó a realizar experimentos en botánica, mineralogía y alquimia. Sus extraños estudios le ganaron la reputación de hechicero.

Cientos de años más tarde, en pleno siglo XVI, otro tipo de hechicería ganó adeptos y generó asombro en Europa. Se trataba de la alquimia, mezcla fascinante de magia, ocultismo y ciencia que intentaba conseguir auténticos milagros en el mundo material. Una de las obsesiones de los alquimistas era conseguir la transmutación de metales comunes y corrientes en oro. Algunos más se concentraron en descubrir la panacea, o cura universal. Pero todos estaban encaprichados con la riqueza, la vida infinita y, de manera crucial, la salud. El trabajo de los alquimistas, sobre todo de un hombre misterioso llamado Paracelso, fascinó a la sociedad europea de su tiempo y dio pie, en cierta medida, al surgimiento de la medicina moderna. Pero la magia no siempre ha derivado en personajes virtuosos. La historia también registra figuras que no han tenido el bien, la salud y la disciplina como principal misión en la vida. Figuras obsesionadas con la búsqueda de lo oculto con el fin único de acercarse a una verdad más oscura. Para muchos, ese es el caso de Aleister Crowley, un hombre conocido en su tiempo como "La gran bestia".

La vida de Aleister Crowley, el hombre que llegaría a ser conocido como uno de los ocultistas más fabulosos de los últimos doscientos años, fue extraña desde un principio. Nacido en 1875, Crowley —bautizado como Edward— fue hijo de un predicador devoto y dedicado a la reflexión llamado Edward Crowley y de Emily Bishop, una mujer extraña que siempre tuvo una relación complicada y violenta con su hijo. Desde pequeño, gracias a la influencia de su padre, el chico fue expuesto a la más estricta vertiente del cristianismo. Los rezos diarios de la familia servían como refugio para el joven Aleister, que ahí se resguardaba de la furia de su madre, que siempre lo consideró un ser extraño y diferente. Incluso le asignó un apodo que lo marcaría para siempre; lo llamaba "La bestia".

Pero el consuelo de la guía paterna le duró poco al joven Aleister. El padre del niño murió cuando Aleister apenas tenía once años. Hay quien dice que Crowley entendió la muerte prematura de su padre como una traición divina. A partir de entonces, comenzó a descreer del cristianismo y empezó, desde muy chico, a llevar una vida cada vez más licenciosa. Fue expulsado de distintas escuelas por intentar convencer de sus raras creencias a otros alumnos. En plena era victoriana en Inglaterra, tiempo regido por un estricto código moral, Crowley poco a poco comenzó a hacerse de una fama perturbadora. Se rodeó de amistades impropias para la época. Así llegó a la universidad. Ahí cambió Edward su nombre bautismal, por el de Aleister y se dedicó a afinar su visión de la vida, estudiando no sólo literatura sino misticismo. Al mismo tiempo que llevaba una vida sexual atrevida, Crowley comenzó a tener visiones. Para 1897, a sus veinticuatro años de edad, optó por dejar de lado su ilusión original de convertirse en diplomático. Sus experiencias en el lado más oscuro de la magia habían sido tan intensas que Aleister Crowley decidió dedicar su vida entera al ocultismo. Quería encontrar las verdades más oscuras de este y otros mundos.

Para finales de la última década del siglo XIX, Crowley abandonó los estudios y su país, y se mudó a Suiza. Ahí fue donde conoció a un hombre que le cambiaría la vida: George Cecil Jones, un fanático de la alquimia y miembro de una de las más extrañas y oscuras sociedades secretas de la historia: la Orden Hermética del Alba Dorada, fundada en Inglaterra diez años antes. La famosa orden era justo lo que Aleister Crowley había estado buscando durante toda su vida. Su énfasis en el ocultismo y en la búsqueda de una realidad superior a través de la magia, fascinaron al joven Crowley, quien no tardó en hacerse miembro de la cofradía. En noviembre de 1898, fue el mismo fundador de la orden, un hombre tenebroso llamado Samuel Macgregor, quien dio la bienvenida al nuevo miembro de la organización. Durante la ceremonia, Crowley recibió un nombre que lo acompañaría toda su vida: *Frater Perdurabo*, o Hermano Pedurabo. El nombre tenía su origen en el verbo perdurar y, con él, Crowley dejaba claro cuál sería su búsqueda en el mundo de la magia negra: la vida eterna.

Y no perdió ni un momento. Al poco tiempo se mudó a un departamento que convirtió en un auténtico laboratorio de magia negra. Ahí vivió junto a otros miembros de la organización, que le enseñaron todo lo que hay que saber del lado más turbio de la magia, incluidos juegos muy peligrosos con drogas de un poder maligno incalculable. Apenas un año después, cuando el siglo XIX estaba por terminar, Aleister Crowley decidió que necesitaba un lugar alejado de todo bullicio para reflexionar sobre su futuro. Ese lugar fue México. En 1900, Crowley visitó nuestro país con un amigo de inclinaciones macabras similares. Aquí se dedicaron a escalar los volcanes mexicanos, un sitio que le había fascinado desde siempre. Después de México voló hacia otros destinos. Para 1904, ya casado, Crowley visitó Egipto, donde tuvo una revelación.

En Egipto, Crowley comenzó a adentrarse en los detalles de la cosmogonía egipcia, quedando fascinado por los conceptos que los antiguos habitantes de las laderas del Nilo tenían sobre la vida y la muerte. A la búsqueda de Crowley se sumó Rose, su mujer, quien, quizá debido a su embarazo, comenzó a sufrir alucinaciones. Rose Crowley empezó a insistirle a su marido que algo o alguien lo estaba esperando. Fue hasta marzo cuando Crowley comprendió a qué se refería su joven esposa. Después de visitar una serie de ruinas egipcias, el brujo inglés se dio a la tarea de intentar comunicarse con las deidades de la antiquísima cultura que lo rodeaba. La historia cuenta que, para principios de abril de 1904, Crowley finalmente hizo contacto. De pronto, una voz que se identificaba como Aiwass, una suerte de deidad egipcia desconocida, comenzó a dictarle un libro de revelaciones religiosas. Se trataba de lo que el propio Crowley llamaría después *El libro de la ley*. En él, Crowley era identificado como el profeta de una nueva religión que el propio brujo llamaría *Thelema*. En los siguientes años, Crowley se dedicó a afinar la práctica religiosa que aquel extraño ser le había transmitido desde otra dimensión. Aunque tuvo dos hijas, no tardó en divorciarse de Rose. Para entonces, Crowley ya se había hecho de un lugar donde pensaba desarrollar todo lo que hasta entonces había aprendido. Se trataba de una inmensa mansión a orillas del mítico Lago Ness en Escocia. El lugar, conocido como Boleskine, sería, en palabras de Aleister Crowley, "un lugar ideal para la congregación de espíritus". La imponente casa negra de Boleskine, sede de la religión creada por un hombre perturbado, se convertiría en un sitio de rituales ocultos, supuesto satanismo, y muchos y muy oscuros episodios.

A pesar de que Aleister Crowley, el mago satánico inglés conocido como "La gran bestia", vivió buena parte de su vida viajando por el mundo, su leyenda está ligada de manera indeleble a la enorme mansión que compró en los límites del enorme Lago Ness en el corazón de Escocia a principios del siglo XX. La mansión de Boleskine estuvo rodeada de leyendas desde su construcción, a finales del siglo XVIII. Hay incluso quien dice que la casa fue erigida sobre los restos de una iglesia que se había quemado en un terrible incendio con varias personas de la congregación dentro. Aleister Crowley compró la casa en 1899 y vivió ahí hasta 1913. Crowley dedicó su estancia en la gran casa de Boleskine a convocar no sólo a los espíritus benignos sino al mundo demoniaco. A través de una ceremonia conocida como "ritual abramelin", registrado en libros de magia que datan del siglo XV, Crowley trató de comunicarse con espíritus de energía positiva. Para su desgracia —y de acuerdo con la leyenda de lo ocurrido en Boleskine— lo único que el brujo inglés logró convocar fueron fuerzas satánicas, de intenciones profundamente malvadas. Sombras comenzaron a llenar la casa, el aire pesaba y olía terriblemente.

Crowley describió así la situación: "Los demonios se han congregado alrededor de mí de manera tan severa que ahora ya no puedo ver la luz." Eventualmente, Crowley vendió su enorme mansión. Pero las fuerzas demoniacas que desató en Boleskine lo acompañarían el resto de su vida. Y eso lo volvió una figura enigmática y extrañamente respetada. Hay versiones que dicen que Winston Churchill, primer ministro de Gran Bretaña durante la mayor parte de la Segunda Guerra Mundial, pidió el consejo de Crowley para enfrentar de mejor manera a las fuerzas de Hitler. Cuenta la leyenda que Crowley le recomendó a Churchill que usara la "V" de la victoria para contrarrestar mágicamente la fuerza de la suástica nazi. Churchill así lo hizo. Para 1945, Hitler había sido derrotado. Apenas dos años más tarde, adicto a la heroína y sin dinero, moriría Aleister Crowley. Sus cenizas fueron depositadas bajo un enorme árbol en Nueva Jersey, en los Estados Unidos. Su fantasma, dicen, aún recorre los pasillos de la gran mansión negra de Boleskine, junto al Lago Ness.

El hombre de la
máscara de hierro

La historia registra muchos episodios en los que la identidad desconocida de un hombre o una mujer ha capturado la imaginación no sólo de su tiempo sino de los siglos siguientes. Algo así ocurrió en la Francia de mediados del siglo XVII con un hombre conocido entonces —y hasta ahora— como el hombre de la máscara de hierro.

La primera mención del misterioso presidiario data de mediados de 1669. Fue entonces cuando Benigne d'Auvergne de Saint Mars, el responsable de la cárcel de Pignerol, en el sureste francés, recibió indicaciones para preparar una celda para un prisionero que llegaría en poco tiempo al penal. La carta indicaba que el prisionero se hacía llamar Eustache Dauger. El aviso de la llegada de un nuevo condenado a la cárcel de Pignerol no hubiera tenido nada de especial de no ser por la larga lista de condiciones que incluía la misiva y la identidad del hombre que firmaba el aviso. Escrita por el marqués de Louvois, un ministro de confianza del mismísimo rey Luis XIV, la carta le indicaba al carcelero de Saint Mars que la celda del prisionero debía contar con puertas dobles, para que resultara imposible escuchar las conversaciones del hombre en cuestión. El presidiario, decía la carta, sólo tenía permiso de hablar de sus necesidades más esenciales. Si se refería a cualquier otra cosa, las autoridades carcelarias tenían la orden de matarlo. Sin piedad, sin miramientos.

De inmediato comenzaron las especulaciones. ¿Quién era este hombre que requería condiciones de seguridad tan extremas? La versión oficial era que se trataba de un sirviente detenido por las fuerzas del rey y llevado a Pignerol por ser una prisión alejada del centro del país. Otros más pensaban que se trataba de un rebelde, un mago, o un adivino. En cualquier caso, para agosto de 1669, Saint Mars y el resto de los celadores ya se habían capacitado para recibir al enigmático personaje. Pero nada, en el fondo, podía prepararlos para el asombro y el temor que seguramente habrán sentido al ver por primera vez a su nuevo inquilino. El hombre llevaba puesta una máscara de hierro, un cruel artefacto que hacía imposible distinguir sus facciones. La verdadera identidad del hombre y las razones reales por las que fue mantenido bajo arresto durante décadas dan vida a una de las historias perdidas más fascinantes de la Europa de la segunda mitad del milenio pasado.

Los años del misterioso hombre de la máscara de hierro en la prisión de Pignerol pasaron sin mayor consecuencia. Más allá de la notable protección que recibía el prisionero por órdenes directas del rey, el supuesto Eustache Dauger se comportó como un preso prácticamente normal, silencioso en su trato.

Sobre todo en comparación con los otros presidarios detenidos en la cárcel de Pignerol, Dauger resultaba un prisionero modelo. En algún momento, incluso, Dauger reemplazó al sirviente de otro de los presos, un hombre de enorme fortuna de apellido Fouquet, encarcelado por fraude. Bajo estrictas instrucciones de no permitir mayor comunicación entre Fouquet y Dauger, los dos convivieron durante meses sin mayor consecuencia. El hecho de que el hombre de la máscara de hierro sirviera por un tiempo a Fouquet no es un dato cualquiera, sobre todo para quienes señalan que el misterioso prisionero era en realidad parte de la familia real de Francia: por más oculto que el rey hubiera deseado tener a su hipotético pariente, jamás habría permitido que el preso trabajara como sirviente de un hombre como Fouquet, de linaje menor.

El carcelero Saint Mars se llevó consigo al prisionero de la máscara de hierro cuando asumió un nuevo puesto en la cárcel de Exilles en 1681 y luego en la célebre prisión de La Bastilla en 1698. Fue en La Bastilla donde creció la leyenda del hombre de la máscara de hierro. Ahí, en el corazón de París, el hombre fue enviado a una celda en solitario en una de las torres de la prisión. Sólo un carcelero tenía permitido llevarle alimento sin dialogar en lo absoluto con él. De acuerdo con varias versiones de la época, el hombre llevaba siempre puesta una máscara recubierta, para entonces, de terciopelo negro. El hombre de la máscara de hierro falleció en prisión en 1703, casi treinta y cinco años después de haber sido apresado sin explicación alguna. Fue enterrado bajo el extraño nombre de Marchioli. Toda su ropa y sus muebles fueron destruidos inmediatamente. Pero lo que apenas comenzaba era su leyenda. A partir de entonces, toda Francia y buena parte del mundo comenzarían a preguntarse: ¿quién era el hombre de la máscara de hierro?

Casi desde la muerte misma del preso más famoso y enigmático de la historia francesa, cientos de investigadores, escritores y políticos han tratado de encontrar la verdadera identidad de ese hombre que, por razones aún nebulosas, permaneció encarcelado durante más de treinta años bajo condiciones de extrema severidad y secreto. Las posibilidades son varias. La primera, quizá la menos polémica, es que el hombre de la máscara de hierro era en realidad un sirviente que había tenido el infortunio de saber demasiado no sólo sobre la vida, sino sobre la muerte de uno de sus patrones. Esta teoría supone que el nombre real del prisionero era Martin, el sirviente más cercano de un hombre llamado Rouz de Marsilly, miembro de los hugonotes, un grupo de franceses dedicados a conspirar contra la corona francesa. Tras la muerte de su patrón, Martin fue considerado peligroso por su cercanía con la causa insurrecta. Una vez en prisión, Martin, pudo haber asumido el famoso nombre Eustache Dauger, nombre oficial bajo el que se conoce al hombre de la máscara de hierro. Martin habría recibido el trato que, de acuerdo con la versión histórica, recibió el propio Dauger, es decir, el de un prisionero importante pero también el de un sirviente.

Otra de las teorías indica que el misterioso preso era un italiano de apellido Matthioli, un político de dudosa moral que había conspirado en el norte de Italia utilizando el nombre de Francia para fines fraudulentos. Matthioli, en efecto, fue detenido por los franceses y fue enviado a la prisión de Pignerol, en la frontera entre los dos países. El odio francés contra Matthioli era tan grande que varios documentos de la época indican que las autoridades francesas ordenaron que nadie supiera nada de la identidad del nuevo prisionero. Se sabe que en Pignerol, Matthioli sufrió de enormes abusos que cerca estuvieron de enloquecerlo. Hasta ahí, la historia corresponde a lo que se sabe de manera oficial sobre el hombre de la máscara de hierro. La teoría de Matthioli gana fuerza cuando se recuerda el nombre escrito en la lápida del misterioso preso después de que muriera en La Bastilla: Marchioli. Pero esas son sólo dos de las posibles identidades del hombre de la máscara de hierro. ¿Será posible que haya sido, en realidad, un miembro de la realeza, un pariente que el rey había querido ocultar a toda costa?

Una de las versiones más populares e increíbles sobre la identidad verdadera del hombre de la máscara de hierro apunta a una gran conspiración dentro de la corte real francesa. De acuerdo con esta hipótesis, el célebre prisionero era ni más ni menos que el hermano ilegítimo del rey Luis XIV, el famoso Rey Sol, el monarca más importante —para bien o para mal— del siglo XVII francés. La idea fue propuesta por primera vez por el filósofo francés Voltaire, quien llegó a sugerir que el hombre de la máscara de hierro era el hijo bastardo de la madre de Luis XIV y un célebre cardenal de la época, convirtiéndolo en un escándalo desde cualquier punto de vista.

Pero esa no es la única hipótesis relacionada con la realeza de Francia. Hay una quizá todavía más atrevida. De acuerdo con algunas teorías, el hombre de la máscara de hierro era el verdadero padre del Rey Sol. Esta versión surge de un hecho histórico: el joven Luis XIV nació de manera casi milagrosa después de más de veinte años de distanciamiento marital entre su padre oficial, el rey Luis XIII, y su madre, Ana de Austria. De acuerdo con esta hipótesis, la casa real de Francia, desesperada por encontrar un heredero a la corona después de dos décadas sin descendencia, sugirió a la reina que buscara un hijo mediante una relación extramarital con un inglés, el duque de Buckingham. También hay quien piensa que el verdadero padre de Luis XIV fue el duque de Beaufort, uno de los amantes favoritos de la reina. En cualquier caso, dice esta teoría, el auténtico padre del Rey Sol fue apresado para evitar que se conocieran no sólo el carácter ilegítimo del heredero al trono, sino también la homosexualidad del rey Luis XIII y la promiscuidad de la reina. Así, el padre biológico del rey de Francia pagó de la manera más cara la osadía de procrear con la realeza europea: un encierro de más de tres décadas y una muerte cruel y anónima.

Pero la teoría más fascinante sobre la posible identidad de legendario prisionero conocido como el hombre de la máscara de hierro tiene que ver no con la realeza sino con uno de los hombres más extraordinarios del siglo XVII francés, un hombre que pasó a la historia en novelas y narraciones varias gracias a su famosa valentía y su habilidad con la más noble de las armas: la espada. Se trata de D'Artagnan, el hombre de carne y hueso detrás del entrañable personaje de ficción ideado por el novelista Alejandro Dumas, casi dos siglos más tarde. El D'Artagnan histórico fue un capitán de la guardia de mosqueteros del rey Luis XIV. Cercano a la casa real francesa durante prácticamente toda su vida, D'Artagnan conocía todos los secretos de los soberanos franceses, incluso, se piensa, la verdadera identidad del padre de Luis XIV. Hombre de gran carácter, D'Artagnan consiguió hacerse de la confianza del rey, lo que le ganó, como era predecible, el resentimiento de varias personas del círculo más cercano del Luis XIV. El peor enemigo del mosquetero fue Francois de Louvois, uno de los ministros más ambiciosos de la era del famoso rey francés. De acuerdo con esta teoría, Louvois, harto del poder que se había ganado D'Artagnan, ideó un plan infalible. Aprovechó la herida del gran espadachín en el terrible sitio de Maastricht en 1673 para enviar a D'Artagnan precisamente a la cárcel de Pignerol, donde ordenó que se le colocara una máscara para evitar que los carceleros reconocieran al que era, sin duda, uno de los hombre más famosos de su tiempo. D'Artagnan habría pasado así al menos treinta años, terminando sus días en La Bastilla. Es precisamente ahí donde D'Artagnan aparentemente conoció a un hombre apellido De Sandras, un escritor que años después publicaría una serie de libros con las supuestas memorias de D'Artagnan. Los libros incluían detalles que sólo podía conocer el propio mosquetero, razón por la que los historiadores suponen que, en efecto, D'Artagnan no murió en Maastricht como Louvois había inventado, sino que sobrevivió, enmascarado y encadenado, durante treinta largos años.

Lo cierto, sin embargo, es que aún ahora, casi cuatro siglos después, nadie sabe a ciencia cierta quién era exactamente el hombre que habitó las más terribles prisiones de Francia en la segunda mitad del turbulento siglo XVII. Nadie sabe quién fue el hombre de la máscara de hierro.

El monstruo del
Lago Ness

De todas las historias de monstruos misteriosos, ninguna se compara con el enigma que ocultan las aguas oscuras de un lago de casi cuarenta kilómetros de largo y más de doscientos metros de profundidad en el norte de Escocia. Se trata del mítico Lago Ness, donde, se dice, habita una criatura milenaria, atrapada desde hace siglos entre las paredes del helado cuerpo de agua. La leyenda de Nessie, el famoso monstruo del lago, ha fascinado al mundo desde hace más de mil quinientos años. De existir, el monstruo escocés podría representar el último espécimen —o la última familia de animales— de una especie de dinosaurios desaparecida hace miles de años de la faz de la Tierra.

Los primeros avistamientos de la gran bestia acuática ocurrieron alrededor del año 560, cuando el santo irlandés San Columba de Iona supuestamente salvó a un campesino de las fauces de un monstruo de largo cuello en lo que entonces era conocido como el Río Ness. A esto hay que sumarle la larga lista de leyendas locales en Escocia que hablan de los míticos *kelpies*, caballos acuáticos que, de acuerdo con el folclor escocés, habitan en el fondo del oscuro lago. La leyenda del caballo de agua dio pie, en los últimos años, a una película de Hollywood con el mismo nombre, en la que el animal en cuestión es precisamente un dinosaurio de largo cuello que vive dentro del Lago Ness. Porque esa es la descripción que decenas de testigos dan del monstruo: un animal de largo cuello y cabeza pequeña que se mueve a gran velocidad gracias a cuatro enormes aletas. Parece, en efecto, la descripción de un plesiosaurio, uno de los más hermosos dinosaurios de la prehistoria.

¿Será posible que el enorme Lago Ness en el norte de Escocia oculte un animal presuntamente extinto desde hace miles de años? La evidencia así parece indicarlo. La primera descripción moderna del monstruo del Lago Ness ocurrió en 1868. Un artículo publicado ese año en el *Inverness Courier*, un periódico local escocés, es el primero en hablar sobre los rumores acerca de la existencia de un «pez enorme u otra criatura» en la profundidad de las aguas del lago. Cincuenta años más tarde, otro diario publicó una noticia titulada «Una extraña experiencia en el Lago Ness» en la que se detalla la historia de dos pescadores que se refieren a un animal que produjo un gran remolino mientras pescaban no muy lejos de la orilla. Pero fue en 1934 cuando el mundo realmente comenzó a contagiarse de fascinación por lo que ocurría en las aguas heladas del Lago Ness.

El causante del furor fue un médico originario de Londres llamado Robert Wilson. Era un 19 de abril, el doctor Wilson estaba de visita en el célebre Lago Ness cuando, de pronto, vio algo que se movía a lo lejos. Casi por instinto, Wilson tomó su cámara. Lo que captó se ha convertido en una de las imágenes más polémicas, discutidas y emocionantes de la gran colección de misterios sobre la Tierra. La fotografía de Wilson muestra lo que parece ser un largo cuello coronado por una pequeña cabeza parecida a la de un lagarto unos metros por encima del agua. La imagen fue publicada en el periódico *Daily Mail* a los pocos días, provocando un frenesí. De pronto, el tranquilo y hermoso lago se había convertido en la cuna de un enigma. Y no pasaría mucho tiempo para que nuevos testigos dijeran haber visto algo profundamente extraño en las aguas del norte de Escocia.

Después de la famosa fotografía tomada por el doctor Robert Wilson, los avistamientos del monstruo del Lago Ness comenzaron a suceder con mayor frecuencia. La curiosidad llevó a miles de turistas hasta la orilla del lago. Todos tenían la esperanza de capturar una imagen del legendario monstruo. Pero sólo algunos lo consiguieron. Quizá las siguientes imágenes célebres de la criatura que habita en las frías aguas del norte escocés fueron las captadas por un turista sudafricano de apellido Taylor. Taylor usó una cámara de dieciséis milímetros para filmar lo que para muchos es la prueba irrefutable de la existencia de algo inusual en el Lago Ness. En los minutos que tomó Taylor, se aprecia algo claramente en movimiento a lo largo de la superficie. Taylor describió así lo que había visto: "Tenía un cuerpo largo y redondo con una cabeza que salía y entraba de largo como trazando un arco." Algo a todas luces incomprensible.

Apenas unos años más tarde, en 1938, un banquero londinense de nombre James Currie también filmó al monstruo. Se dice que la película de Currie muestra un animal con tres jorobas sucesivas que entran y salen del agua con una pequeña cabeza al final del cuerpo. La leyenda dice que la cinta de Currie es clara e incontrovertible. El problema es que, hasta el día de hoy, nadie sabe a ciencia cierta dónde se encuentra. Hay quien dice que, por razones desconocidas, Currie decidió esconder la película en una bóveda de algún banco en Londres. Tendrían que pasar veinte años más para que alguien tuviera la fortuna de encontrarse cara a cara con el monstruo del Lago Ness. El nombre de ese agraciado personaje fue Tim Dinsdale. Y lo que capturó con su pequeña cámara de dieciséis milímetros sigue siendo materia de leyenda.

Quizá la evidencia fílmica más interesante de la existencia del monstruo del Lago Ness ocurrió el 21 de abril de 1960, cuando el ingeniero aeronáutico Tim Dinsdale se detuvo en un camino cercano al lago, tras ver algo que se movía sobre la superficie, aproximadamente a un kilómetro de distancia. Primero, Dinsdale miró el objeto a través de unos binoculares. Debió sentir una tremenda inyección de adrenalina cuando aquello comenzó, de la nada, a moverse con una cadencia muy particular. Dinsdale se apresuró a tomar su cámara de cine, una Bolex de dieciséis milímetros con la que capturó cuatro minutos de algo inexplicable moviéndose de manera errática a lo largo de la superficie del lago. En la cinta se observa claramente lo que parece ser una joroba, bamboleándose y creando una estela. Las imágenes son tan estremecedoras que han merecido no sólo diversas transmisiones, sino varios documentales sobre ella. El primero fue la transmisión que hiciera la BBC de la película, creando un nuevo vértigo alrededor de la posibilidad de la existencia de un monstruo en el Lago Ness. Años más tarde, la prestigiada firma de documentales Discovery Channel, realizó una investigación minuciosa alrededor de la cinta de Dinsdale en la que, gracias a la tecnología digital más moderna, una serie de expertos dijeron haber encontrado sombras nunca antes vistas que podrían revelar un cuerpo, con aletas y una larga cola, debajo del agua. Para los aficionados a la leyenda del Lago Ness, el documental de Discovery Channel, producido en 1993, es la prueba irrefutable de que un animal misterioso habita desde hace siglos en las profundidades del lago. La forma del animal, las aletas y el cuello, además de las dimensiones del cuerpo, sólo pueden corresponder a un animal conocido antes en la Tierra: un plesiosaurio. ¿Será posible?

Desde la cinta de Tim Dinsdale, decenas, quizá cientos de personas dicen haber visto al famoso monstruo del Lago Ness. En 2007, por ejemplo, un técnico de laboratorio de nombre Gordon Holmes grabó en video lo que parece ser un objeto moviéndose a gran velocidad bajo el agua en el Lago Ness. Además del video de Holmes, miles de personas dicen haberse encontrado con el monstruo, pero lamentan no haber cargado consigo una cámara para probarlo. Además de los fotógrafos aficionados, al menos diez expediciones científicas de primer orden se han adentrado en el lago con la esperanza de encontrar al enigmático monstruo. Usando desde sonares hasta cámaras submarinas ultra-sensibles, las expediciones han gastado su dinero en balde. Nadie ha logrado captar absolutamente nada en las heladas aguas del Lago Ness.

Pero, ¿es acaso posible que un plesiosaurio, un mítico dinosaurio extinto hace cientos de miles de años, haya sobrevivido para hacer su hogar en un lago escocés? Las opiniones varían. Para algunos, las condiciones del Lago Ness no son las ideales para un plesiosaurio, que era, después de todo, un animal de aguas templadas. El lago, no sobra decirlo, es sumamente frío. Además, dicen los expertos, la fauna que habita en él no podría alimentar una comunidad de plesiosaurios, como necesariamente tendría que ser dado que el monstruo ha sido visto ya desde hace cientos de años. Pero ninguna de estas explicaciones satisface a los entusiastas creyentes del monstruo. La evolución, dicen, es misteriosa. No es imposible que, en las decenas de miles de años desde la era de los dinosaurios, los plesiosaurios hayan evolucionado lo suficiente como para adaptarse a las aguas heladas del lago escocés. En cualquier caso, el misterio continúa. ¿Qué secretos guarda el hermoso Lago Ness? ¿Será todo una mentira? ¿O será que de verdad, ahí abajo, en la oscuridad, hay un monstruo tímido que ha hecho del Lago Ness su casa desde hace milenios? Sólo la historia dirá.

El evento Tunguska

Es una historia muy popular para el cine de Hollywood: un enorme objeto del espacio exterior apunta hacia la Tierra y pone en peligro la vida en nuestro planeta. Y aunque la mayoría de esas películas terminan siempre con algún acto heroico que impide la catástrofe, lo cierto es que el choque contra la faz de la Tierra de un asteroide, meteorito o algún otro objeto de grandes dimensiones podría terminar con la vida tal y como la conocemos.

La catástrofe ha ocurrido antes. La mayoría de los investigadores de la extinción de los magníficos dinosaurios coinciden, por ejemplo, en que el evento que pudo haber determinado el fin de los de los grandes reptiles fue el choque, hace sesenta y cinco millones de años, de un asteroide del tamaño de una ciudad en la península de Yucatán. Los expertos concuerdan que las probabilidades de que uno de los setecientos mil enormes pedazos de roca que rondan la Tierra choque contra nuestro planeta, es de una en cinco mil. Para algunos, la cifra es alentadora. Para otros, es alarmante. Quienes se preocupan por esa posibilidad apocalíptica, hacen referencia al desastre que otros choques han provocado en la historia de nuestro planeta. En cualquier caso, desde el famoso asteroide de Yucatán hasta nuestros días, muchos objetos han caído a la Tierra. Algunos han sido plenamente identificados y estudiados. Pero otros siguen siendo un enigma y guardan más preguntas que respuestas. De esos, ninguno es más interesante y aterrador que el que cayó en 1908, en una región desolada de Rusia.

¿Qué pasó realmente en Tunguska, Rusia, a principios del siglo pasado? ¿Qué fue lo que se estrelló de manera tan brutal en la helada tundra de la región, sembrando el terror a cientos de kilómetros a la redonda? Primero habría que repasar los hechos. La historia comienza muy temprano, la mañana del 30 de junio de 1908. Fue entonces cuando los habitantes de la región voltearon hacia el cielo para encontrar una luz cegadora, en tonos amarillos y azulosos, que descendía con auténtico vértigo hacia ellos. Para muchos, el cielo parecía partirse en dos. Algunos minutos después, los bosques de Tunguska quedarían reducidos a ceniza. La explosión fue enorme. La ola de calor se dispersó por cientos de kilómetros. Muchos testigos recuerdan haber sentido un calor indescriptible, casi quemante. Cientos de personas perdieron el equilibrio por la severidad del impacto. Construcciones fueron sacudidas, las ventanas explotaron. Aquello parecía el fin del mundo. Las consecuencias se sintieron alrededor del mundo. De acuerdo con diversos cálculos, el choque del misterioso objeto en Siberia fue equivalente a un temblor de cinco grados Richter. El golpe fue tan severo que la atmósfera se oscureció levemente. Durante meses, la transparencia atmosférica en la Tierra fue menor a la habitual. A juzgar por la fuerza de la explosión, el objeto registró una capacidad de detonación de quince megatones, o lo que es lo mismo, cientos de veces la capacidad destructiva de la bomba atómica de Hiroshima.

Pero, ¿qué fue lo que se impactó en Tunguska a mediados de 1908? La primera expedición seria a la región tendría que esperar veinte años. Lo que encontró el explorador ruso Leonid Kulik fue un panorama devastador y misterioso. Cuando la expedición del experto en mineralogía llegó a la región para analizar lo ocurrido casi veinte años antes, muchos de los habitantes de la zona se negaron a acompañarlo. Para ellos, el evento de 1908 no había sido causado por ningún meteorito. Había sido, en cambio, un acto de venganza divina. Kulik descartó esas teorías, considerándolas una locura. Con paciencia, explicó a los lugareños que aquello no tenía nada de sobrenatural, que lo ocurrido había sido consecuencia del impacto de un asteroide, como demostraría el cráter que seguramente estaba en la zona. Pero la teoría de Kulik duró poco. Para su enorme sorpresa, Kulik no encontró ningún cráter cuando finalmente llegó al punto de impacto. Y eso no fue lo único que lo confundió. Increíblemente, tampoco encontró restos de un meteorito. Ni siquiera un guijarro. Lo que si halló en el epicentro del impacto fue un pantano rodeado de árboles en perfecto estado: un oasis de vida en un lugar imposible. Alrededor del pantano, más de diez millones de árboles muertos descansaban, unos sobre otros, ordenados como palillos chinos, en un círculo simétrico. La formación le congeló la sangre a Leonid Kulik. No había manera de explicarla. ¿Cómo era posible que ningún fragmento de meteorito quedara en la zona? ¿Y por qué no había un cráter? ¿Y cómo explicar los millones de árboles derribados con una precisión quirúrgica en ese enorme radio de veinte kilómetros alrededor del cenagal fértil? La única respuesta es la más aterradora. Quizá, sólo quizá, lo que ocurrió en Tunguska en 1908 no fue el choque de un asteroide sino el de otro objeto volador muy, pero muy distinto.

Después de la expedición del minerólogo ruso Leonid Kulik a la zona de desastre en Tunguska en Siberia, algo quedó claro: resultaba imposible asegurar que lo que había golpeado la Tierra en 1908 había sido un meteorito. Sin rastros de rocas espaciales, ni un cráter característico, Kulik simplemente no pudo determinar que el causante del desastre hubiera sido un aerolito. A partir de entonces, lo ocurrido en Tunguska sigue siendo un misterio. Hay rumores de que, en algún momento de los años cuarenta, el gobierno soviético envió a un grupo de investigadores que condujeron análisis exhaustivos en la zona. Para sorpresa de nadie, los resultados de esa expedición han permanecido en secreto hasta nuestros días. Al misterio de Tunguska habría que sumarle otro elemento que resulta inexplicable. A lo largo de los años, distintos investigadores han asegurado haber encontrado muestras de una considerable radioactividad en la región. ¿Qué pudo haber causado esa radiación en una zona boscosa y tranquila en el medio de la nada? Una de las primeras teorías corresponde al coronel ruso Alexander Kazantzev después de la explosión de la bomba de Hiroshima en 1945. Después de analizar cómo habían quedado tirados los árboles y las casas en la devastada ciudad japonesa, Kazantzev llegó a la conclusión de que lo que realmente había chocado en Tunguska no era un meteorito sino una nave espacial impulsada por energía nuclear. De acuerdo con Kazantzev y otros ufólogos que han analizado el fenómeno, la nave explotó antes del impacto, desintegrándose por completo pero emitiendo un aro de energía nuclear. La teoría suena enloquecida, pero no es imposible. Aún así, no es la única hipótesis. Hay otra mucho más extraña.

De todas las teorías sobre lo que ocurrió en Tunguska a mediados de 1908, ninguna es más espectacular que la que involucra a un inventor misterioso y brillante llamado Nikola Tesla. Tesla fue uno de los grandes genios de la electromagnética y durante su vida registró más de setecientos inventos que, en su tiempo, fueron prácticamente ignorados, aunque hoy se consideran invaluables. La teoría de la corriente alterna es sólo uno de los muchos descubrimientos de Tesla. Pero, ¿cómo encaja Nikola Tesla en la historia de Tunguska? Resulta que, a principios del siglo XX, Tesla comenzó a trabajar en un proyecto asombroso: algo que él llamaba "el rayo de la muerte", una especie de arma electromagnética. El misterioso rayo emitía un poderoso destello electromagnético que, de acuerdo con Tesla, podía acabar con enormes extensiones de terreno sólo a través de la energía.

A mediados de 1908, justo en los días en los que ocurrió la devastación en Tunguska, Tesla envió un telegrama a Robert Peary, el célebre explorador del ártico que encabezaba para entonces una expedición en el Polo Norte. En el mensaje, Tesla le avisaba a su amigo de la posibilidad de que, en algún momento a finales de junio de 1908, presenciaría un espectáculo impresionante causado por la prueba del "rayo de la muerte". Peary volvió a casa sin haber visto gran cosa, pero los datos que se tienen de su expedición concuerdan con las coordenadas por las que habría pasado el rayo para llegar a Tunguska, a un par de miles de kilómetros al oeste. Cuenta la leyenda que, al enterarse de la devastación provocada por su experimento, Tesla decidió cancelarlo y ocultar toda la información.

A final de cuentas, Nikola Tesla murió —solo y excéntrico— sin haber confirmado jamás si su célebre "rayo de la muerte" había sido el causante de la catástrofe siberiana. Sea cual sea la explicación, lo cierto es que, a cien años de la explosión en Tunguska, nadie sabe qué provocó lo que para muchos ha sido la mayor explosión sobre la faz de la Tierra desde la catastrófica extinción de los dinosaurios.

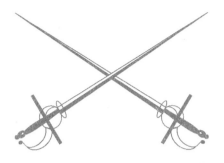

La reina héroe:
Boudica

Muchas veces, la historia de los países puede entenderse mejor desde la vida de sus héroes, figuras míticas que, a través de sus actos, inspiraron a las generaciones que tuvieron la suerte de conocerlos en vida y a los millones que han sabido de ellos tiempo después, cuando lo único que queda es una leyenda. Para Gran Bretaña, ninguna figura es tan importante como la de una mujer que, desde que muriera hace casi dos mil años, ha sido reconocida como el espíritu mismo del pueblo inglés, siempre gallardo y entregado en las buenas batallas.

Su nombre era Boudica. Y su historia es terrible. La mujer tuvo el infortunio de sufrir en carne propia la ocupación que hicieran los romanos de la isla británica hace dos milenios. Estaba casada con un hombre llamado Prasutagus, rey de la tribu guerrera de los icenos, que dominaban el suroeste británico. Durante años, los romanos respetaron a los icenos. Pero al morir Prasutagus, las cosas cambiaron rápidamente. A pesar de la petición explícita del rey iceno, los romanos tomaron sus tierras y, mucho peor, ultrajaron a sus hijas y latiguearon brutalmente a Boudica, la mujer que se convertiría en reina de su dolido pueblo. Los icenos fueron rápidamente esclavizados por los romanos y sus tierras aprovechadas en beneficio de las fuerzas de ocupación. Es de suponer que los romanos asumieron la muerte del rey iceno como el principio de un periodo de larga y sencilla dominación. Se equivocaron. La reina icena no había olvidado la valentía y el espíritu de su pueblo. El dolor no sólo de sus hijas, sino de los hijos de los demás la impulsaron a planear lo impensable: una rebelión contra el poderosísimo imperio romano. Parecía una locura, pero Boudica lo tenía claro: mejor morir buscando la libertad, que vivir sin tenerla.

Para el año 60 de nuestra era, los soberbios conquistadores romanos de la antigua Gran Bretaña emprendieron la marcha rumbo al norte de Gales para combatir a las bravísimas tribus de aquella región, que se resistían a ceder sus vidas y sus tierras al imperio invasor. Comandadas por el gobernador Cayo Suetonio Paulino, las tropas romanas dejaron mayormente desguarnecido el resto del suroeste del país. En tierra icena, la reina Boudica comprendió que había llegado el momento esperado por tantos años: la oportunidad de buscar la libertad. La imponente reina icena convenció a un pueblo vecino —conocido como los trinovantes— para comenzar una violenta rebelión. Las tropas icenas y trinovantes comenzaron su campaña en la ciudad de Camulodunum, donde la población local tuvo la mala suerte de sufrir los estragos de la furia que los icenos habían guardado por años.

Las crónicas de la masacre de Camulodunum coinciden sobre todo en la presencia imponente de Boudica. La mujer era muy alta y tenía el pelo rojo casi hasta las rodillas, usaba una capa multicolor que la hacía ver aún más poderosa. Quienes la conocieron subrayaban también la potente voz de la reina icena. A la hora de la batalla, Boudica no rehuía el fragor de la lucha: con una enorme lanza cobró muchas vidas durante la rebelión de su pueblo contra los romanos. La ira sangrienta de los icenos no tardó en llegar a oídos de Suetonio, comandante supremo romano. Y si no estaba preocupado para entonces, la noticia de que los rebeldes icenos habían emprendido la marcha rumbo a una ciudad de reciente fundación conocida como Londinium, un hermoso sitio a la vera de un tranquilo río llamado Támesis, seguramente lo sacó de su estupor.

Los icenos lograron llegar a Londinium y no encontraron mayor respuesta. De nuevo, las tropas de Boudica masacraron a cuanto inocente cruzó por su camino. A lo largo de aquella campaña de rebelión, los icenos asesinaron a no menos de setenta mil personas. Para entonces, Suetonio ya había vuelto al corazón del imperio para tratar de salvar de un desastre a los romanos. La disparidad en cifras era abrumadora. Los icenos y los trinovantes —más los miles de británicos que para entonces se habían sumado a la causa rebelde— eran más de doscientos mil. Los romanos, según los cálculos más optimistas, no llegaban a los quince mil. Todo parecía indicar que aquello sería la victoria definitiva de las inspiradas tropas de Boudica. Pero nadie contaba con la legendaria disciplina militar romana.

La batalla de la Calle Watling, donde las numerosas pero desordenadas fuerzas icenas se enfrentaron a un ejército romano mucho más pequeño pero mejor organizado, representa uno de los episodios militares más fascinantes del apogeo del gran imperio de Roma. A juzgar sólo por los números, las fuerzas comandadas por la heroica reina Boudica tenían todo de su lado. De acuerdo con algunos cálculos, las fuerzas romanas apenas llegaban a los quince mil efectivos. Los icenos y los trinovantes eran, al menos, doscientos mil más. Las cifras eran abrumadoras. Pero también lo fue, al final, el caos entre las filas rebeldes. Poco a poco, gracias a la famosa disciplina romana, las tropas comandas por Suetonio fueron diezmando al enemigo. De acuerdo con algunas versiones, en el primer día de lucha, los romanos mataron a ochenta mil rebeldes. Poco tiempo después, las tropas icenas huyeron, entregando la victoria a los romanos, marcando así el fin de su bravía rebelión.

¿Y qué fue de Boudica? A partir de la batalla de la Calle Watling, el destino de la gran reina icena se volvería materia de leyenda. Para algunos, Boudica se suicidó tras enfrentar aquella derrota final. Otros más sugieren que no se quitó la vida sino que murió enferma, desconsolada más allá de cualquier salvación después de llevar a decenas de miles de hombres al matadero de las lanzas y las espadas de Roma. En cualquier caso, lo cierto es que, tras la batalla de la Calle Watling, Boudica murió. Pero ni siquiera la muerte pudo acabar con su leyenda; todo lo contrario. Casi de inmediato, los icenos se apresuraron a esconder los restos de su heroica reina, sabedores del destino que le aguadaba al cuerpo de ser encontrado por las tropas romanas. Esto fue hace casi dos mil años. Desde entonces y hasta nuestros días, un misterio ha fascinado a los ingleses, que aún ahora ven a Boudica como un símbolo patrio de enorme importancia: ¿dónde están los restos mortales de la hermosa mujer que estuvo tan cerca del liberar del yugo romano al pueblo británico?

La muerte de Boudica fue un golpe definitivo para la rebelión icena. Sin voluntad ni liderazgo, los rebeldes perdieron fuerza y fueron finalmente aniquilados por las furiosas tropas romanas. Pero la leyenda cuenta que, antes de enfrentar su doloroso destino final, los icenos lograron enterrar el cuerpo de su reina para evitar que fuera destrozado por los invasores en su afán por eliminar, de una vez por todas, la tentación rebelde en la isla británica. Se dice que los icenos enterraron a su reina en secreto. De ser esa la verdad, los súbditos de Boudica hicieron un trabajo estupendo: nadie sabe, a la fecha, dónde están realmente los restos de la reina heroica de los icenos. Y eso no ha hecho más que acrecentar el carácter mítico de la mujer, convirtiendo al sitio donde fue enterrada en uno de los misterios más fascinantes de la historia de la Gran Bretaña.

La primera gran teoría es que Boudica fue enterrada en algún sitio con sus hijas, quienes, se piensa, también fallecieron o se quitaron la vida con su madre. El descubrimiento de un esqueleto célebre a finales del siglo XIX avivó esta hipótesis. Se trataba de la llamada "dama de Birdlip", un esqueleto encontrado cerca de Gloucestershire rodeado de ofrendas de collares, espejos y otros objetos asociados con el sexo femenino. Al lado de la tumba de la dama de Birdlip había otras dos fosas. La combinación hizo pensar a los arqueólogos que habían hallado finalmente la tumba de Boudica y sus dos jóvenes hijas. Tiempo después, sin embargo, varios expertos de la época sugirieron que el cráneo del esqueleto principal había pertenecido a un hombre, no a una mujer. Desde entonces, nadie ha podido encontrar otra tumba que pudiera pertenecer a Boudica, llevando a algunos a sugerir que, quizá, la mujer fue enterrada en una fosa común o, peor aún, incinerada por las tropas romanas. Pero existe otra posibilidad. Una posibilidad casi mágica, que se enlaza con una larga tradición del orgullo y hasta de la fantasía de esa valiosa nación que es Inglaterra.

De todas las teorías sobre el posible destino final de los restos de la reina Boudica, quizá la más fabulosa sea la que supone que la heroína de los icenos está enterrada en el mismo corazón de Londres, la ciudad originalmente llamada Loninium y tomada por los icenos miles de años antes. Pero el cuerpo no está debajo de ninguna iglesia, ni mucho menos de algún monumento memorable o apto para recordar a la mujer que es, a la fecha, uno de los símbolos más notables del país. No. De acuerdo con la leyenda, Boudica está sepultada debajo de una plataforma en la famosa estación de trenes de King's Cross, en la capital inglesa. La historia dice que ahí, debajo de la plataforma nueve o la diez de la hermosa estación, están los restos de la mujer. La explicación detrás de esta fantástica teoría no es tan descabellada como pudiera imaginarse. Resulta que la zona donde ahora está la estación de trenes fue conocida como Battle Bridge. El sitio ha sido identificado muchas veces como el posible lugar donde ocurrió la célebre y sangrienta batalla de la Calle Watling, donde muriera Boudica. Incluso hay quien señala que los restos ya han sido descubiertos y esperan una fecha determinada para finalmente ser expuestos al pueblo inglés, quizá en un momento de intensa necesidad espiritual. ¿Será posible que la legendaria reina icena esté enterrada debajo de una plataforma de trenes en el corazón mismo de la moderna capital inglesa? Suena extraño. Pero fue esa leyenda la que hizo a la célebre escritora J. K. Rowling idear el lugar exacto desde donde Harry Potter toma el tren a la academia de Hogwarts todos los años: la plataforma 9 ¾, en la estación de King's Cross, justo donde, si hacemos caso a la leyenda, descansan el cuerpo de una mujer de enorme valentía que alguna vez, hace casi dos mil años, se atrevió a defender a su pueblo de las garras de un ejército invasor: la reina Boudica.

El último caso de
Eliot Ness

Eliot Ness. El nombre mismo es sinónimo de habilidad y astucia policial. Y no es para menos. A mediados de la tercera década del siglo XX, después de haber detenido a Al Capone, el
terrible mafioso de Chicago, quizá el criminal más famoso de
su tiempo, el agente especial Eliot Ness se convirtió en una
celebridad no sólo en el estado de Illinois sino en todo Estados
Unidos. El triunfo sobre Capone le significó un ascenso casi
inmediato a Ness, quien fue nombrado jefe de investigación
del Buró de Prohibición en Chicago, volviéndose así una de las
máximas autoridades policiales en una ciudad compleja como
pocas. Ness también asumió el control de la lucha contra la
venta y distribución de alcohol en el vecino estado de Ohio.
Estaba en su mejor momento, un policía sobrio e incorruptible
en una época particularmente complicada de la historia de Estados Unidos. Para muchos, Ness no podía equivocarse. Pero

la vida le tenía reservado un cambio profesional inesperado. Y un encuentro estremecedor con la esencia misma del mal.

Para mediados de la década de los años treinta, la era de la prohibición de alcohol había terminado en tierra estadounidense y Eliot Ness, con los otros cientos de agentes encargados de mantener las calles limpias de bebidas embriagantes, tuvo que perseguir un nuevo empleo. Dada su eminencia y reconocido talento, Ness no tuvo que buscar por mucho tiempo. Para 1935, Ness, quien ya vivía en la ciudad de Cleveland, Ohio, recibió una llamada del alcalde local, Harold Burton. Burton necesitaba a alguien que se hiciera cargo de la coordinación general de la seguridad de la ciudad. Ness aceptó de inmediato.

El trabajo, que implicaba llevar el control de la policía y del departamento de bomberos de Cleveland, se antojaba sencillo, sobre todo comparado con la extenuante lucha contra gángsters de la peligrosidad de Al Capone o Frank Nitti. Si Eliot Ness había logrado contener la furia de un hombre como Capone, ¿qué criminal podría complicarle la vida en una ciudad del perfil de Cleveland, mucho más pequeña y provinciana que Chicago, la gran urbe de Illinois? Eliot Ness enfrentó su nueva vida con auténtico entusiasmo, limpiando los cuerpos policiales y acabando con la corrupción que había comenzado a erosionar la autoridad en la ciudad. Todo parecía ir de maravilla para el célebre agente. Pero la tranquila ciudad de Cleveland demostraría ser mucho más difícil de lo que Ness había creído. Mucho, mucho más difícil.

Cuando llegó a la ciudad, el agente Eliot Ness seguramente pensó que viviría años de tranquilidad. A pesar de ser una ciudad industrial y de gran carácter, Cleveland no era Chicago.

Pero la realidad sería completamente distinta. La obsesión de Ness con su trabajo comenzó a pasarle una onerosa factura. Para finales de los años treinta, Ness ya se había divorciado de su primera esposa, una mujer que lo había apoyado durante la lucha contra Capone en Chicago, años que deben haber sido particularmente dolorosos y aterradores para la esposa del agente más odiado por la mafia de la ciudad. El fracaso de su matrimonio no hizo más que agravar la obsesión laboral del famoso policía. De armas tomar, Ness comenzó una lucha sin cuartel contra la mafia en Cleveland y en el estado de Ohio en general. Y no sólo eso: logró desmantelar una red de corrupción que había maniatado a la fuerza policial de la ciudad. Cuando acabó con su investigación, doscientos agentes de la policía optaron por renunciar. Los buenos oficios de Ness rindieron frutos cuando la ciudad de Cleveland resultó elegida como la más segura de Estados Unidos en 1939.

Todo parecía indicar que su estancia en Cleveland sería un éxito más en la fulgurante carrera del policía más célebre del siglo XX. Pero lo cierto es que la historia ocultaba un incidente que perseguiría a Ness hasta su muerte, un caso de brutales características que el gran detective jamás pudo resolver. A mediados de la década de los treinta, justo en la era de Ness como director de seguridad de Cleveland, la ciudad vivió aterrorizada por la presencia de un asesino serial cuyos métodos confundieron a las autoridades por un lustro entero. Para Ness, el misterio de la identidad del criminal, conocido como "El asesino del torso de Cleveland" o "El carnicero loco de Kingsbury", representaría una derrota imposible de digerir; el único caso que no podría resolver. Y ese fracaso lo marcaría para siempre.

El año era 1935. Cleveland, como buena parte de Estados Unidos, atravesaba por una etapa complicada: la economía de la zona había sufrido lo indecible durante la Gran Depresión y los barrios bajos estaban llenos de gente sin hogar, empleo o ilusiones. Esa era la ciudad que le correspondía vigilar a Eliot Ness, el legendario agente responsable de la captura de Al Capone. Y durante años lo lograría, reduciendo índices de criminalidad en lo general. Pero un fantasma cruel estaba por ensombrecer la vida de Eliot Ness y de buena parte de la ciudad de Cleveland. El 23 de septiembre de 1935, la policía de Cleveland hizo un descubrimiento aterrador en un barrio paupérrimo conocido como Kingsbury Run. Era el cuerpo de un hombre de alrededor de cuarenta y cinco años de edad. Al cuerpo le faltaba la cabeza, que fue recuperada después. Un asesinato así no era común en aquellos tiempos. El descubrimiento sacudió a la fuerza policial y al propio Ness: ¿quién sería capaz de algo así? La sorpresa se volvió temor cuando el equipo forense informó del hallazgo de otro cuerpo, en condiciones idénticas, a escasos metros del primer cadáver. Dos homicidios tan similares y tan cercanos no podían ser obra de la casualidad. Alguien buscaba provocar a la policía de Cleveland. Evidentemente, los temores de Eliot Ness y su equipo estaban relacionados con la posible aparición de ése, el más complejo de los enigmas para una fuerza policial: un asesino en serie. Para suerte de Ness, sin embargo, las cosas se tranquilizaron después de la aparición de los dos muertos en Kingsbury Run.

Durante casi cuatro meses, nada se supo del asesino que tanto temían las autoridades en Cleveland. Pero aquello era sólo la calma que precede a la tormenta. Al principio de 1936, las cosas comenzarían a agravarse. El carnicero de Kingsbury atacaría de nuevo. Y la vida de Cleveland —y de Eliot Ness— jamás volvería a ser la misma.

Para enero de 1936, la ciudad de Cleveland ya había olvidado el horrible descubrimiento de dos cuerpos degollados en la zona marginada de Kingsbury Run, en septiembre del año anterior. Pero el asesino o los asesinos no tardarían en regresar, para actuar con una saña aún mayor. El 26 de enero, la policía descubrió el cuerpo destrozado de Florence Genevieve. Cinco meses más tarde, apareció un cuerpo más con lesiones muy similares a los otros, nuevamente en Kingsbury. La policía de Cleveland, encabezada por Eliot Ness, tuvo que enfrentar la amarga realidad: en las calles de la ciudad caminaba un asesino serial de métodos violentísimos que amenazaba con acabar con la tranquila vida que Ness y sus agentes habían conquistado tras años de trabajo. Antes de que terminara el año 1936, dos nuevos cadáveres aparecieron en Cleveland. Todos compartían semejanzas en la ejecución. Para Eliot Ness, la conducta criminal del asesino comenzaba a convertirse en un asunto personal. Sabedor de su prestigio como un investigador de primer orden, Ness empezó a dedicar jornadas enteras —suyas y de su equipo— a descubrir la identidad del hombre capaz de semejantes actos. Para mediados de 1936, había asignado a veinte detectives al caso de El carnicero de Kingsbury. Ness usó todo su ingenio para tratar de localizar al asesino, incluso obligó a sus agentes a disfrazarse para pasar desapercibidos entre los indigentes de la zona. El equipo de Ness revisó cada prueba, cada pequeño pedazo de evidencia, cada posible clave. Al final no encontró sospechosos. Lo que sí halló fue un perfil psicológico del criminal: un hombre de gran estatura y peso, con conocimientos de medicina y anatomía; con toda seguridad vivía en el área de Kingsbury Run, donde se habían cometido la mayoría de los asesinatos. Probablemente, calculaba el estudio, el asesino contaba con algún escondite privado y secreto donde realizaba sus brutales actos. Pero hasta ahí. Nadie sabía nada más. Y el asesino de Kingsbury no planeaba descansar. Para febrero de 1937, un nuevo cuerpo había aparecido, con las mismas señas de agresión y el mismo modo de operación. Algunos meses más tarde, se sumaron a la lista dos cuerpos más. Habían sido ya tres años de furia criminal y Eliot Ness estaba perdiendo la paciencia.

Para finales de 1937, la ciudad de Cleveland estaba desesperada, y Eliot Ness, su director de fuerzas de seguridad, estaba cerca del colapso nervioso. Y no era para menos. Tres años de impunidad habían transcurrido ya desde el primer asesinato del carnicero de Kingsbury Run. Además, la ciudad de Cleveland había entrado en ebullición social por las dificultades económicas. Ness y sus agentes habían tenido que lidiar con la actividad del asesino en serie, al tiempo que trataban de mantener el orden durante las manifestaciones y disturbios generados por la cada vez más deteriorada economía local. Y entonces, casi de la nada, un sospechoso probable comenzó a despertar la curiosidad de Ness y su grupo de detectives. Se trataba del doctor Frank Sweeney, un hombre corpulento y hábil, conocido por su alcoholismo y su personalidad desequilibrada. En un principio, Sweeney había sido descartado tras acreditar su ausencia de la zona de Cleveland durante el periodo de algunos de los asesinatos de El carnicero de Kingsbury. Sweeney había pasado largas temporadas en un hospital para adicciones en las fechas de algunos de los crímenes. Pero la policía de Cleveland comenzó a dudar de la verosimilitud de la coartada de su sospechoso. La coincidencia con las fechas resultaba misteriosa. Además, el doctor Sweeney había pasado su infancia precisamente en la zona de Kingsbury. La conocía a la perfección. Eso fue suficiente para convertirlo en el principal sospechoso del caso. Pero algo complicaba la situación: Sweeney era primo de un poderoso congresista local, enemigo público de la labor de Eliot Ness. A pesar de ello, la policía comenzó a vigilar de cerca a Sweeney. Entonces aparecieron dos nuevas víctimas.

El nuevo hallazgo sangriento trastornó a Eliot Ness. En una decisión que lo marcaría de por vida, el gran policía decidió borrar la zona de Kingsbury Run del mapa de Cleveland. Quemó casas de indigentes, persiguió a los aterrorizados habitantes, todo con el fin de acabar con El carnicero de Kingsbury. La prensa fue implacable con Ness. Pero el gran detective no había terminado con el caso. Lo siguiente que hizo fue interrogar al doctor Sweeney. El 23 de agosto de 1938, Sweeney enfrentó al detector de mentiras. Al final, los encargados de la prueba concluyeron que el sospechoso había demostrado culpabilidad. Para desgracia de Ness y sus agentes, el polígrafo y sus inferencias no eran, pero ni de lejos, evidencia suficiente. Lo cierto, sin embargo, es que, después de aquel interrogatorio, el doctor Sweeney dedicó su vida a tratarse de manera obsesiva en distintos hospitales. Murió en 1965. Otros sospechosos surgirían con el paso del tiempo. Pero ninguno sería encontrado culpable. Eliot Ness siempre sostuvo que El carnicero de Kingsbury era Frank Sweeney. Pero nunca pudo comprobarlo. Y ese fracaso lo seguiría hasta su muerte, a la edad de cincuenta y cuatro años, en 1957, siendo un hombre aún muy joven.

La dalia negra

En la historia del crimen del siglo XX existen muchos casos jamás resueltos. Ya sea por impericia policial o porque la macabra labor de los asesinos no dejó evidencia alguna, la lista de crímenes sin resolver podría ocupar decenas de episodios de nuestras historias perdidas. Uno de los casos emblemáticos del siglo XX es la tétrica muerte de Elizabeth Short, mejor conocida como "La dalia negra". El final de la vida de Short conmocionó a la sociedad californiana de mediados del siglo pasado. Y no era para menos: los detalles detrás del asesinato de la joven mesera y aspirante a actriz son capaces de congelarle la sangre a cualquiera.

Short nació en Massachusetts, al norte de los Estados Unidos, en 1924. Desde pequeña, Elizabeth debió enfrentarse a dificultades típicas de la época. La Gran Depresión de finales de los años veinte fue particularmente dura para la familia

Short. Tanto así que, cuando Elizabeth tenía apenas cinco años, su padre estacionó el auto cerca de un puente y desapareció sin dejar huella. Ante el aparente suicidio de su marido, la madre de Elizabeth Short mudó a su joven familia y se hizo cargo de la manutención de sus cinco hijas. No pasó mucho tiempo para que Elizabeth manifestara su orientación vocacional. Con un hermoso pelo negro, tez muy blanca y ojos claros, la niña sabía que su carisma y belleza podían llevarla a una vida muy diferente. Comenzó a soñar con ser actriz.

Años después, Elizabeth aprovecharía una curiosa coyuntura para perseguir sus sueños de estrellato. Al enterarse de que su padre no se había suicidado sino que había huido para comenzar una nueva vida en California, hizo maletas y viajó hasta tierras californianas para vivir con el hombre que la había abandonado en la infancia pero que, quince años más tarde, representaba el boleto de entrada a un mundo que ya para entonces fascinaba a la joven: el glamour de Hollywood. Pero para desgracia de Elizabeth, la convivencia con su padre no fue lo afortunada que ella hubiera deseado. Apenas unos meses después, Short ya había dejado California. Pero era una mujer de ambiciones firmes. Para 1946, cuando tenía veintidós años de edad, Elizabeth estaba de vuelta en tierras californianas. Y tenía toda la intención de seducir Hollywood, costara lo que costara.

El pretexto de Elizabeth Short para volver a California en 1946 fue visitar a un novio involucrado con la Fuerza Aérea estadounidense. Pero era sólo una excusa. La verdadera intención de Elizabeth Short era entrar, poco a poco, a la industria del cine. Su belleza le ayudaba. La combinación de tez blanca y cabello negro la hacían una figura digna de llamar la atención.

Pero la suerte no estaría de su lado. Al poco tiempo, Elizabeth terminó el romance con su enamorado y comenzó a sufrir para ganar el mínimo necesario para sobrevivir. En los meses previos a su muerte, trató de encontrar una tabla de salvación, ligándose con hombres de todo tipo que prometían ofrecerle algo de la seguridad —y, sobre todo, el lujo— que había deseado durante toda su vida. Se mudó de una casa a otra, de departamento en departamento, pagando dos dólares la noche por un espacio miserable para dormir. Para 1947, Elizabeth pasaba la noche en salas de cine, sin un quinto en el bolsillo. De ahí fue rescatada por una familia que, al verla desamparada, decidió ofrecerle techo y cama. Pero la vida ajetreada de Elizabeth Short desesperó incluso a esos buenos samaritanos. A principios de enero, Elizabeth le pidió a un amigo que la llevara al elegante hotel Biltmore de Los Ángeles donde, dijo, vería a su hermana. Al poco tiempo, la mujer dejó el hotel. Esa sería la última vez que alguien vería con vida a la joven. Cinco días más tarde, una mujer que caminaba con su pequeña hija en el centro de Los Ángeles descubriría algo escalofriante, dando comienzo a uno de los más grandes misterios criminales de la primera mitad del siglo XX.

La vida de Elizabeth Short, la joven mujer que había viajado a California para buscar la fama a mediados de la década de los cuarenta, terminaría de manera cruel. En algún momento entre el 10 y el 15 de enero de 1947, Short tuvo la mala fortuna de encontrarse con un hombre —o con un grupo de hombres— que le tenían preparado un desenlace brutal. Lo cierto es que, muy temprano por la mañana del 15 de enero, un ama de casa llamada Betty Bersinger realizó un hallazgo que enloquecería a la policía de Los Ángeles por años y desataría una serie de especulaciones forenses vigentes hasta nuestros días. Caminando por la banqueta con su hija de tres años, la señora Bersinger encontró lo que a primera vista parecía un maniquí tirado a escasos metros de la calle. El color pálido del cuerpo le hizo pensar que aquello era sólo el desecho de alguna tienda de moda. Al acercarse se dio cuenta de su error. Tirada en el piso yacía una mujer. Su cuerpo había sido mutilado, partido en dos, como una muñeca de plástico. En el cadáver no quedaba ni una gota de sangre. Estaba seco, casi como una momia. Aterrada, la señora Bersinger llamó a la policía.

Los detectives Harry Hansen y Finis Brown fueron asignados al caso. La severidad de las heridas en el cuerpo y la falta de evidencia no tenían precedente en Los Ángeles de la posguerra. El asesino debía ser alguien completamente trastornado. Después de dispersar a los curiosos, los detectives se dieron a la primera labor indispensable: identificar a la víctima. En Los Ángeles, una ciudad repleta de jóvenes mujeres aspirantes a la fama, aquello no sería tarea fácil. Algunos días más tarde, gracias al apoyo del periódico *Examiner*, el FBI confirmó que la joven víctima se llamaba Elizabeth Short. Uno de los reporteros del caso no tardó en encontrar un apodo para la víctima: la dalia negra, un macabro juego de palabras en honor a una película de crimen llamada "La Dalia Azul", de reciente exhibición en aquellos tiempos.

El caso de la muerte de Elizabeth Short atrapó la atención no sólo de la policía de Los Ángeles sino de toda la prensa californiana, siempre en busca de un escándalo. De manera incansable, los reporteros trataron de descubrir un poco más sobre la mujer que había sido asesinada y mutilada a principios de enero de 1947. Paradójicamente, Elizabeth consiguió en la muerte lo que había buscado en vida: se volvió enormemente famosa. Los detalles del asesinato desataron un frenesí similar al que había atravesado la ciudad de Cleveland algunos años antes con el infame asesino serial que enloqueció al gran detective Eliot Ness. La mera posibilidad de que la muerte de Elizabeth Short marcara el principio de una serie de asesinatos similares aterrorizó a la sociedad de la gran ciudad californiana. La policía, sin embargo, estaba preocupada solamente de solucionar el enigma detrás de la muerte de Elizabeth Short. El caso estaba lleno de circunstancias extrañas y una alarmante falta de evidencia. El o los asesinos no habían dejado rastro alguno y nadie había visto a Elizabeth después de que la mujer dejara el Hotel Biltmore una semana antes de su muerte. Después de miles de entrevistas y decenas de sospechosos, la policía tuvo que aceptar que no tenía gran cosa. Aquello era un auténtico misterio.

Tras diez días, el periódico *Examiner* recibió la primera gran pista. El asesino había decidido provocar a la policía enviando al periódico un paquete con las pertenencias de Elizabeth, incluido un libro con las direcciones de setenta y cinco hombres que la dalia negra había conocido en algún momento. El paquete incluía también el acta de nacimiento y las identificaciones de la mujer. Evidentemente, pensó la policía, el remitente era el responsable de la muerte de Short. Pero encontrarlo no sería sencillo. Lo cierto es que el trabajo macabro del asesino había sido casi perfecto. Parecido a lo que ocurriría décadas después con el asesino del Zodiaco de San Francisco, otro criminal jamás capturado; la policía de Los Ángeles sólo sabía lo que el asesino quería comunicarles, el criminal tenía el control de la investigación. Después de ese paquete con las pertenencias de Elizabeth, nadie supo nada más. Sólo silencio. Con el paso de los años, la frustración terminó por vencer a la policía angelina. Más allá de Robert Manley, el último en ver a Elizabeth con vida cuando la dejó en el célebre Biltmore, nadie jamás enfrentó un interrogatorio policiaco. Con el tiempo, el caso quedó en el olvido. Pero eso no quiere decir que no haya sospechosos.

¿Quién mató a Elizabeth Short? La identidad del asesino de la dalia negra ha sido un misterio fascinante para los criminólogos estadounidenses desde que la joven mujer fuera encontrada muerta en enero de 1947. La policía angelina se dio por vencida después de algunos meses de buscar al responsable. La escasez de evidencias y la astucia del asesino habían logrado burlar el ímpetu policiaco. Desde entonces, sin embargo, destacados investigadores se han dedicado a tratar de rastrear al hombre (o los hombres) que en 1947 acabaron con la vida de Elizabeth Short.

El primer sospechoso es Robert Manley, el hombre que dejó a Elizabeth en el Hotel Biltmore, el último sitio donde fue vista con vida. Durante la investigación original, Manley superó una prueba de polígrafo y fue descartado. Aun así, un dato estremece todavía a los investigadores del caso: Manley murió, por una extraña caída, treinta y nueve años exactos después del día en que dejó a Elizabeth en el Biltmore. Hay quien piensa que Manley se suicidó en esa fecha para dejar claro, de una vez por todas, que era él quien había acabado con la vida de la joven Short.

En los últimos años, dos investigadores distintos han señalado a otros dos posibles responsables. El primero es Walter Bayley, un cirujano que conocía a la familia de Elizabeth Short y que vivía cerca del lugar donde fue encontrado el cuerpo de la víctima. Pero Bayley era ya un hombre mayor que probablemente carecía de la fuerza física para realizar un acto criminal de ese calibre. El último posible sospechoso es Jack Wilson, un vagabundo que, en una entrevista, aceptó conocer detalles del caso jamás divulgados por la policía. Wilson pudo haber sido aprehendido pero murió de manera misteriosa en un incendio en un hotel. Con la muerte de Wilson se fue también la esperanza de resolver el caso de la dalia negra. Por si fuera poco, inexplicablemente, un gran número de piezas de evidencia desaparecieron del archivo policiaco del caso. Así, el asesinato de Elizabeth Short ha quedado impune. Pero la memoria de la mujer sobrevive, en novelas y películas dedicadas a su vida y, sobre todo, a su muerte.

Muerte en los Urales

Dicen los alpinistas —incluso los más experimentados— que la montaña puede ser traicionera. Uno nunca sabe qué puede encontrar ahí, en las alturas, entre las nieves y los vientos, entre las grietas y el silencio. A las dificultades habituales de la montaña hay que agregar la distancia que separa a buena parte de los destinos alpinos del resto de la humanidad: una vez que un grupo de escaladores decide emprender la marcha rumbo a la montaña, el mundo real se queda atrás. Todo se reduce a un enfrentamiento entre la riesgosa cumbre y las capacidades humanas de supervivencia. Muchos han logrado conquistar los grandes picos del planeta y volver para contarlo. Pero hay otros que no han tenido la misma suerte.

La historia es tan antigua como la presencia del hombre nómada en la Tierra. Desde entonces, han sido muchos los alpinistas que han hallado su fin bajo la nieve. Algunos han caído hasta las profundidades de la tierra, perdiendo el control de sus herramientas y despeñándose dentro de una grieta. Otros se han encontrado envueltos por tormentas infinitas, que duran días, dejando sin salida a los pobres exploradores. Los cuerpos de muchos de ellos son recobrados con el paso del tiempo, cuando el hielo ha dado de sí y los secretos de la montaña quedan finalmente expuestos. Pero hay otros casos, otros casos muy distintos. Porque son también muchos los alpinistas que han desaparecido sin dejar rastro alguno, su verdadero destino permanece oculto para siempre en los misterios de la montaña.

De todas esas historias, quizá la más extraña y aterradora es la que ocurrió en los Montes Urales, la cordillera que corre de sur a norte en Rusia justo en la línea divisoria entre Europa y Asia, marcada de manera natural precisamente por esta formación montañosa. La extraña historia comienza el 28 de enero de 1959, cuando un grupo de nueve experimentados pero jóvenes alpinistas y esquiadores, casi todos alumnos del Instituto Politécnico de los Urales, emprendió la marcha hacia la cordillera. Al frente del grupo iba un joven de apenas veintitrés años, un hábil explorador alpino de nombre Igor Dyatlov. El grupo pretendía llegar a la montaña Otorten al final de una ruta complicada pero no imposible. La expedición no debía superar los diez días y, más allá de la complejidad del camino, no se preveía problema alguno. Así, a finales de enero, los nueve alpinistas partieron del pequeño albergue de Vizhay y emprendieron la marcha llenos de entusiasmo. Pero apenas tres noches después, algo inexplicable le ocurriría al grupo encabezado por Igor Dyatlov. Algo inexplicable y aterrador.

Cuando los nueve exploradores del Politécnico de los Urales comenzaron su camino hacia lo más profundo de la cordillera montañosa en el corazón de Rusia, nadie pensó que algo podía ocurrirles. Mucho menos Yuri Yudin, el décimo miembro de la expedición quien, por razones de salud, tuvo que permanecer en el albergue de Vizhai, donde se despidió de sus nueve amigos esperando verlos de nuevo exactamente dos semanas más tarde, una vez que regresaran. "Lo único que quiero saber ahora es qué les ocurrió a mis amigos esa noche", se pregunta Yudin hasta hoy. Y no es para menos. El destino de los nueve alpinistas es uno de los grandes misterios de la historia rusa contemporánea.

Lo que se sabe es que, guiados por Igor Dyatlov, líder de la expedición, el grupo de nueve avanzó sin mayores contratiempos durante cuarenta y ocho horas. Estaban de buen humor. En distintos momentos durante el viaje se detuvieron para tomar fotografías del paisaje y del grupo. Todo era confianza y alegría. Pero, luego, el ánimo cambió. El clima empeoró y se vieron obligados a detenerse. La noche del 1 de febrero decidieron acampar en las laderas del monte Kolat Syakhl, nombre que, en la lengua de las tribus locales, quiere decir "montaña de la muerte". Nadie sabe por qué Dyatlov optó por acampar en un sitio tan hostil. Apenas algunos cientos de metros abajo, el grupo habría hallado un bosque mucho más apto para guarecerse de los intensos vientos que seguramente encontraron en la montaña de la muerte. Y no sólo para protegerse de la tormenta, sino de esa otra cosa que en algún momento de aquella noche provocó que salieran de sus tiendas de campaña, dejando atrás prácticamente todas sus pertenencias, huyendo despavoridos. Porque eso fue lo que ocurrió: en algún momento de la noche del 1 de febrero de 1959, algo hizo que los siete hombres y dos mujeres del grupo encabezado por Igor Dyatlov abrieran sus tiendas de campaña —en algunos caso cortando con desesperación la tela para escapar más rápidamente— y corrieran, algunos incluso descalzos, buscando descender, a como diera lugar, de la montaña. Fue un gravísimo error. Apenas unas horas después, en circunstancias desconocidas, todos estarían muertos.

Tendrían que pasar al menos diez días para que los familiares y amigos de los nueve alpinistas comenzaran a sospechar que algo andaba mal. Igor Dyatlov, se había comprometido a enviar un telegrama el 12 de febrero. Pero las autoridades no se preocuparon. Después de todo, pensaban, el grupo tenía suficiente experiencia como para encontrar su camino de regreso. Así pasarían ocho días. Al llegar el 20 de febrero, las familias estaban ya desesperadas y exigieron a las autoridades organizar un equipo de búsqueda para rescatar a los exploradores, a quienes aún creían perdidos pero no fallecidos. Los rescatistas llegaron al monte Kolat Syakhl seis días más tarde, casi un mes después del incidente que le había costado la vida a los nueve alpinistas. Lo que encontraron simplemente los sacudió: las tiendas de campaña estaban destrozadas, algunas incluso habían sido desgarradas desde adentro, como si alguien quisiera escapar con toda su alma. Ahí estaban también las pertenecías de los alpinistas: ropa, comida, cámaras fotográficas. Y ahí, en la nieve, aún eran visibles las huellas de los nueve jóvenes. Todos se dirigían montaña abajo. Los investigadores siguieron las pisadas, que simplemente desaparecían después de quinientos metros. Eso no impidió, sin embargo, que apenas unas horas más tarde fueran descubiertos cinco cuerpos. Todos estaban congelados y ninguno vestía con la protección necesaria como para aguantar lo que deben haber sido temperaturas inferiores a los menos quince grados centígrados. Para sorpresa de los expertos forenses, ninguno de los cuerpos mostraba ningún tipo de lesión que pudiera evidenciar algún tipo de ataque. Tuvieron que pasar sesenta días para que el equipo de investigadores descubriera el paradero de los otros cuatro cuerpos, en lo profundo de una barranca. Éstos presentaban distintas fracturas. Y no sólo eso: a Ludmila Dubinina, de veintiún años de edad, le faltaba la lengua. Pero, increíblemente, los cuerpos no mostraban heridas de ningún tipo. En otras palabras, nadie (ningún ser humano) había golpeado a los alpinistas. Las fracturas —y la extracción de la lengua de la joven Dubinina— habían ocurrido de otra misteriosa manera. Para redondear el misterio, la ropa que envolvía varios de estos cadáveres registraba algo simplemente inexplicable: altos niveles de radiación. La evidencia no dejaba lugar a dudas: algo muy extraño le había ocurrido a los nueve alpinistas fallecidos en los Montes Urales.

La investigación oficial llevada a cabo por las autoridades soviéticas no tardó en concluir que la muerte de los nueve alpinistas en los Montes Urales se había debido a causas desconocidas. Al principio se había considerado la posibilidad de que algunos miembros de las tribus locales —de los indígenas mansi de esa región de los Urales— pudieran haber asesinado a los exploradores por considerar que habían entrado sin permiso a sus tierras. Pero las características de los golpes sufridos por los muchachos obligaron rápidamente a descartar esa hipótesis. Las contusiones se parecían más a las que se sufren en un accidente de otro tipo, cuando el impacto no está focalizado sino se esparce por todo el cuerpo, algo similar a lo que ocurre en un choque automovilístico o una caída de gran altura. Además, la escena de la muerte no registraba ninguna evidencia de violencia. Nadie había sacado de sus tiendas de campaña al grupo;

ellos mismos las habían rasgado para salir huyendo. Aún más notable: las huellas de pasos registradas en la nieve correspondían sólo a los nueve alpinistas; ningún otro ser humano había estado en la zona.

Al poco tiempo, las autoridades rusas simplemente optaron por cerrar el caso y describir la muerte de los nueve muchachos de los Urales como causada por "alguna fuerza mayor y desconocida". Pero eso no tranquilizó a los familiares de las víctimas, que tenían suficientes razones como para dudar del veredicto de los investigadores. Después de todo, decían, los cuerpos de los muchachos presentaban varias características misteriosas y aterradoras. La piel de varios tenía un tono entre rojizo y anaranjado, como si hubiera sido expuesta a una fuente de energía de manera súbita. Y luego estaba el dato de la radiación: los cuerpos y la ropa también registraban altos niveles de contaminación radiológica. Nadie podía explicar cómo era que nueve muchachos habían resultado expuestos a una descarga radioactiva en una zona perdida en el corazón de los Montes Urales. Por si fuera poco, unos días después del funeral de los alpinistas, otro grupo de exploradores que se encontraba a algunos kilómetros de la zona aquella noche en 1959 describió algo que puso a temblar a los familiares y amigos de los nueve muertos en los Urales. Esa noche habían visto, decían, varias esferas flotando en la noche. Esferas que no parecían tener un origen terrestre. ¿Sería posible que los nueve alpinistas hubieran sido víctimas de un intento fallido de abducción extraterrestre?

Inmediatamente después de que las autoridades rusas dieran por cerrada la investigación de la muerte de los nueve jóvenes alpinistas en los Urales, los familiares y los amigos de las víctimas comenzaron a buscar otras explicaciones. Los niveles de radiación hallados en la ropa de los muertos, el tipo de heridas sufridas, la piel enrojecida, los reportes de presencia de misteriosas esferas voladoras en la zona y hasta los rumores de que los órganos de algunos de los fallecidos habían sido enviados para análisis secretos, todo esto generó, como era de esperarse, enorme inquietud entre los que habían conocido y querido a los muchachos cuyas vidas habían terminado de manera trágica en los Urales. Una de las primeras teorías indicaba que los alpinistas habían tenido la mala fortuna de encontrarse en medio de una sesión de pruebas de armamento secreto de la Guerra Fría. Las esferas, se decía, no eran otra cosa que algún tipo de nave voladora en proceso de diseño que funcionaba con una especie de material radioactivo. La hipótesis indicaba que alguno de los jóvenes había despertado en la noche y, al ver las esferas, había sacudido a los demás que, aterrorizados, corrieron sin protección alguna y murieron en las horas siguientes. Pero eso no explicaba las contusiones.

Tiempo después, algunos comenzaron a imaginar un escenario distinto. Quizá, sólo quizá, los nueve alpinistas encabezados por Igor Dyatlov habían sufrido el infortunio de ser secuestrados por alguna nave de origen extraterrestre, convirtiéndose así en uno de los muchos casos de supuesta abducción alienígena registrados durante el siglo XX. Eso explicaría los extraños traumatismos y también la actitud de las autoridades rusas, que trataron el caso con un sospechoso nerviosismo.

Lo cierto, por desgracia, es que tampoco hay evidencia con la cual concluir de manera definitiva que eso, una abducción extraterrestre, fue lo que acabó con la vida de los alpinistas en los Urales. Así, el episodio permanece envuelto en la bruma del misterio. Hoy, el lugar donde ocurrió la tragedia, lleva el nombre Igor Dyatlov, líder de la malograda expedición de 1959. Por siempre se llamará "el paso de Dyatlov".

La conspiración Pazzi

Florencia. Pocas ciudades en el mundo despiertan la imaginación como ésta, la gran urbe de la región más bella de Italia: la Toscana. Durante más de dos mil años, Florencia ha sido cuna de artistas legendarios, hombres que, con su capacidad creadora, cambiaron el rumbo de sus respectivos oficios. Fue ahí donde Bruneleschi revolucionó la arquitectura, donde Miguel Ángel sacudió para siempre el arte de la escultura, incluso donde Leonardo Da Vinci aprendió a pintar. Fue en Florencia también donde Nicolás Maquiavelo reinterpretó la turbulenta disciplina de la política, transformándola mucho más en una guerra que en un despliegue de seducción. Y no era para menos. Después de todo, para principios del siglo XVI, época en la que vivió Maquiavelo, Florencia ya había demostrado ser cuna de innumerables conspiraciones en busca del poder.

Durante todo el siglo xv, la ciudad había experimentado una explosión creativa, siendo el epicentro del brillante Renacimiento italiano. Pero también había sido la sede de uno de los siglos más sangrientos y turbios de la historia europea. Varias familias aprovechaban la envidiable posición geográfica de la ciudad para hacerse de fortunas fabulosas. Y algunos de esos grandes jerarcas florentinos comenzaron a buscar traducir su poderío económico en poder político. La más famosa de esas grandes familias de Florencia fue la de los Medici, dueños del banco del mismo nombre, notable institución financiera. La riqueza de los Medici fue enorme para su tiempo; fueron, en muchos sentidos, la primera familia en construir una dinastía alrededor de la pujanza económica, como en su época serían los Rockefeller o los Rothschild. Y todo giró alrededor de un monarca cuyo nombre es, desde entonces, sinónimo de grandeza de espíritu pero también de severidad implacable. Se trata de Lorenzo de Medici, mejor conocido por su bien ganado apodo, Lorenzo "El magnífico".

Lorenzo de Medici nació en Florencia el primer día de enero de 1449. Era descendiente de la familia más importante del Quattrocento italiano, el siglo xv que significó el principio del Renacimiento, quizá la época más luminosa de creatividad artística en la historia humana. Lorenzo era nieto de Cósimo De Medici, fundador de la célebre dinastía y hombre de amplios horizontes que consiguió unir el notable poder económico de la familia Medici con el control político de la República florentina. El abuelo de Lorenzo "El magnífico" fue un hombre universalmente reconocido por su generosidad y sensibilidad artística. Cósimo fue amigo cercano de varios de los grandes creadores del siglo xiv italiano, entre ellos Donatello, que se volvió una especie de gran consejero en materia artística. Con su notable empuje, el patriarca Medici transformó el paisaje florentino. Fue gracias a su visión y generosidad que el corazón de la ciudad se vio engalanado por algunas de las más extraordinarias obras jamás creadas por la arquitectura entre las que sin duda destaca el Duomo de Santa María de Fiore —la magna catedral florentina— trazada por el célebre Filippo Bruneleschi.

A Cósimo siguió su hijo Piero, un hombre también respetado y temido. Pero no fue sino hasta la llegada de Lorenzo, el mayor de sus hijos, que la familia Medici alcanzaría el pináculo de su fama e influencia aunque también generaría resentimientos y conspiraciones inéditas. Desde muy pequeño, el brillante Lorenzo de Medici fue criado para encabezar el imperio familiar. Educado en Venecia durante buena parte de su infancia, Lorenzo poco a poco mostró dotes para el trabajo diplomático. A pesar de su corta edad, no tardó en ser bien recibido y reconocido no sólo en Roma sino en las otras partes de Italia, que eran entonces territorio de intrigas y desencuentros, dominadas en gran medida por el poderoso y agresivo reino de Nápoles, al sur. Pero la vida interrumpiría el desarrollo natural del joven Lorenzo. En 1469, el muchacho perdería a su padre, abatido por una enfermedad pulmonar. Con apenas veinte años de edad, Lorenzo de Medici tendría que hacerse cargo no sólo del gobierno de la República de Florencia sino del notable imperio económico del Banco Medici, la empresa familiar.

El gobierno de Lorenzo de Medici en Florencia estuvo marcado por el desarrollo del poderío y las artes florentinas, pero también por el miedo. Lorenzo era un hombre de carácter fuerte y tenía fama de implacable. Negociador de poca paciencia, se salía con la suya con admirable frecuencia. Para mantener el control de la República florentina en el corazón toscano, Lorenzo sedujo a propios y extraños, desde los miembros del consejo de la ciudad hasta comerciantes y, claro, artistas. Además, se hizo de una bien ganada fama de mujeriego. Su rostro, de afilada nariz, grandes ojos y un marcado prognatismo, fue retratado infinidad de veces por pintores y escultores de la época. El joven Medici era, a la edad de veintinueve años, un hombre respetado e intensamente temido. Su prestigio se extendió gracias a la privilegiada relación que mantuvo con varios de los grandes artistas de su época, y de cualquier otra: Leonardo Da Vinci, Miguel Ángel y Botticelli, además de varios de los grandes filósofos del siglo XV. La sensibilidad de Lorenzo en el terreno artístico y su incomparable habilidad política le ganaría el apodo de "El magnífico" entre la población de la ciudad de Florencia.

Pero tanta gloria no podía más que despertar envidias de enorme severidad y peores consecuencias. Varias de las familias florentinas comenzaron a desear el final del régimen de los Medici. Así, la sociedad de Florencia empezó a conspirar. Una familia en particular estaba empecinada con derrocar a Lorenzo. Se trataba de los Pazzi, banqueros rivales de los Medici. Con el apoyo de la Iglesia, que detestaba a los Medici, la familia Pazzi fraguó un plan descabellado y sangriento. A lo ocurrido en abril de 1478, se le conocería como la Conspiración Pazzi, y sus consecuencias cambiarían el destino de Florencia y del propio Lorenzo para siempre.

Para finales de la década de 1470, el poderío de los Medici los había llevado a una confrontación directa con los Pazzi, familia también de banqueros. Para ellos, Lorenzo de Medici y los suyos eran rivales a muerte. Los Medici habían bloqueado el avance de los Pazzi y de otras familias florentinas —como los Salviati— que, para 1478, habían perdido la paciencia. Apoyados por el Papa Sixto IV, enemigo declarado de Lorenzo de Medici, los Pazzi y los Salviati decidieron tratar de acabar con el gobierno de Lorenzo "El magnífico" de la única manera posible: asesinándolo. Y no sólo al propio jerarca de los Medici, sino también a Juliano, hermano menor de Lorenzo y su presunto sucesor.

Los planes, que contaban con la venia papal y el entusiasmo de los gobernantes de buena parte de las ciudades colindantes, resentidas frente a la fuerza florentina, se ejecutarían el último domingo de abril de 1478. La idea era atacar a Lorenzo y a Juliano de Medici dentro de la mismísima catedral de Florencia, delante de miles de personas. Ahí, de entre la multitud, los asesinos saltarían para apuñalar a los dos hermanos Medici. Parecía una locura. Pero no habría marcha atrás: Francesco, jerarca de los Pazzi, y la familia Salviati habían decidido jugarse el todo por el todo. Sabían que, de fracasar, la venganza de Lorenzo de Medici sería inmediata y radical.

Y así fue como, durante la misa del 26 de abril de 1478, un grupo de hombres armados con cuchillos agredieron súbitamente a Juliano y a Lorenzo de Medici. En una escena parecida al asesinato de Julio César casi mil cuatrocientos años antes, los hombres apuñalaron una y otra vez a los dos Medici. Juliano, agredido en la entrada misma de la catedral, cayó primero. Con diecinueve heridas por todo el cuerpo, el joven Medici se desangró bajo el majestuoso dintel que da la bienvenida a los fieles en la majestuosa Santa Maria de Fiore. Tenía veinticinco años. Lorenzo corrió con mejor suerte. Gracias a su enorme fortaleza física, logró escapar de los asesinos. Con la ayuda de algunos fieles, consiguió esconderse en la sacristía. Mientras, afuera, el resto de la conspiración fracasaba estrepitosamente. Ni los Pazzi ni los Salviati lograron hacerse del control del gobierno en esas horas de angustia. Desesperados, los conspiradores deben haberse dado cuenta de que sus horas en la Tierra estaban contadas: la venganza de Lorenzo de Medici sería abrumadora.

Tras sobrevivir al atentado en su contra, Lorenzo de Medici cobró de manera rauda e implacable la muerte de su hermano al que amaba profundamente. Aun así, el alcance de la conspiración debe haber sorprendido incluso al propio soberano de los Medici. No sólo se trataba de un plan fraguado por las familias Pazzi y Salviati, también por representantes de otros poderosos reinos italianos de la época, como Nápoles y Urbino, y de al menos dos destacados miembros de la Iglesia. Varios soldados profesionales, auténticos sicarios del siglo XV, habían sido contratados para acabar con la dinastía Medici. Lo increíble, en cualquier caso, era que la conspiración hubiera fallado: con semejante consenso de odio a su alrededor, Lorenzo tenía suerte de seguir con vida.

En las horas posteriores, varios de los sospechosos de haber participado en el asesinato fueron ejecutados y sus cuerpos arrojados sin miramientos a las calles, donde la multitud enardecida los despojó de sus ropas, además de patearlos y arrastrarlos hasta convertirlos en una masa irreconocible de piel y huesos para finalmente arrojarlos al río que cruza la ciudad: el Arno. Los conspiradores de mayor peso también fueron detenidos e interrogados. Franceso Pazzi, gran jerarca de su poderosa familia y cabeza de la conspiración, se negó a aceptar su papel en el atentado. A nadie le importó: el hombre fue colgado de una de las ventanas de los hermosos edificios del gobierno florentino, en el corazón de la Piazza de la Signoria, en el centro de la ciudad. Lo mismo le ocurrió a varios importantes miembros de la familia Salviati, entre ellos Francesco, arzobispo de Pisa, y a Jacobo Salviati, su hermano. Ambos murieron ahorcados. Alrededor de ellos colgarían los cuerpos de varios otros conspiradores. Algunos cayeron hasta la multitud, que se encargó de profanarlos salvajemente.

La familia Pazzi sería expulsada de Florencia, despojada de sus posesiones, su nombre borrado de cualquier sitio donde, tras siglos de historia, había sido inscrito en las calles y los magníficos edificios florentinos. Pero las consecuencias también serían terribles para Lorenzo y Florencia. Indignado por la inenarrable ejecución del arzobispo de Pisa, el Papa Sixto IV —que también participó en la conspiración, pero optó por fingir demencia —se alió con el reino de Nápoles para atacar Florencia. Vendrían años de lucha. Lorenzo de Medici viviría catorce años más. Sus últimos días estarían marcados por la dificultad económica y política. Al morir, en 1492, Lorenzo dejaría una Florencia debilitada. Quizá, en el fondo, el gran monarca nunca pudo recuperarse de lo que había vivido aquel domingo de abril cerca del altar de la Catedral de su amada ciudad.

El vuelo de
D.B. Cooper

A lo largo de la historia, muchos han intentado realizar el crimen perfecto. Sobran los delincuentes que, después de años de meticulosa planeación, han tratado de salirse con la suya, llevándose a la tumba el secreto de su éxito con el botín obtenido durante sus fechorías. Pero lo cierto es que muy pocos lo han conseguido realmente. Conforme ha avanzado la tecnología es cada vez más difícil robar sin ser descubierto. Por eso resulta tan fascinante la historia de aquellos que, de manera milagrosa, realmente le han ganado la partida a las autoridades. Y en los anales del crimen, muy pocos pueden compararse con un loco extraordinario llamado D. B. Cooper.

Era el 24 de noviembre de 1971. A unos minutos de su despegue, el vuelo 305 de la línea Northwest Orient para la ruta entre Portland, Oregón y Seattle, Washington, se convirtió en el escenario de un secuestro que, apenas unas horas después, sería legendario. El protagonista decía llamarse D. B. Cooper. Y sus demandas estaban claras: a través de una nota entregada en la parte trasera de la aeronave a una de las azafatas, Cooper exigía que los pilotos se dirigieran al aeropuerto de Seattle, donde las autoridades locales debían entregarle doscientos mil dólares en billetes imposibles de rastrear. Pero no sólo eso. En la parte más extraña de su lista de exigencias, Cooper pedía dos paracaídas: aseguraba que si no se le tomaba en serio, haría explotar el avión y se llevaría la vida de decenas de pasajeros. Los tripulantes de la pequeña nave debieron haber creído en las macabras intenciones de Cooper porque, tras consultarlo con el FBI, decidieron cooperar con el secuestrador. Pero antes le ordenaron a la azafata Florence Shaffner que tratara de averiguar si la bomba que Cooper decía llevar consigo realmente existía. Schaffner tomó asiento junto al secuestrador, quien abrió un maletín para revelar, en efecto, cables, baterías y cilindros claramente sospechosos. Eso selló el destino del avión. Unos minutos más tarde, el vuelo aterrizó en Seattle. Las autoridades tenían listo el dinero para Cooper. La mayoría de los billetes eran de 1969 y de la serie "L", para facilitar su identificación posterior. Cooper exigió que le dieran dos paracaídas con ciertas especificaciones, demanda que también fue cumplida con prontitud. Al poco tiempo, Cooper liberó a todos los pasajeros y a la aeromoza con la que había dialogado por largo rato. Tras revisar los paracaídas y el dinero, Cooper ordenó al piloto despegar de nuevo. Lo que ocurrió después forma parte de uno de los grandes misterios criminales del siglo XX.

Hasta ese momento de la noche, el plan de D. B. Cooper había funcionado a la perfección: el vuelo 305 había despegado de nuevo ya sin pasajeros pero con doscientos mil dólares en efectivo y dos paracaídas. Fuera el que fuera, el extraño proyecto de robo y secuestro del misterioso hombre de negro iba viento en popa. Las autoridades en tierra estaban confundidas. Creían imposible que el hombre aquel intentara usar los paracaídas para lanzarse de un avión que, a pesar de contar con una puerta trasera, no estaba diseñado para algo así. Pensaban que aventarse en la oscuridad más absoluta cargando un maletín con miles y miles de billetes verdes resultaba una locura. Se llevarían una sorpresa.

Curiosamente, el osado D. B. Cooper ordenó al capitán volar hacia la ciudad de México a una altura menor a los tres mil metros. Con el avión volando hacia el sur, Cooper comenzó a planear el siguiente paso. Le indicó a la única azafata que quedaba a bordo que se fuera hacia la zona de primera clase y corriera la cortina. La mujer hizo lo que le habían ordenado, pero alcanzó a ver cómo Cooper ataba algo parecido a una cuerda gruesa a su cintura. Un par de minutos después, la cabina comenzó a perder presión. Cooper había abierto la puerta trasera de la aeronave y, aproximadamente a las ocho veinte de la noche, había saltado al vacío. Y lo había hecho en medio de una tormenta.

Sin otra opción, el avión continuó su vuelo hasta arribar a Reno, en el estado de Nevada. Al llegar al aeropuerto, la aeronave fue rodeada por decenas de agentes federales, preparados para tomar el control del avión y arrestar a Cooper. Pero el secuestrador ya no estaba a bordo. Tras de sí sólo había dejado una corbata y un paracaídas. Del misterioso ladrón no quedaba, literalmente, ni huella. Increíblemente, el hombre había decidido hacer lo impensable: arriesgar la vida en la oscuridad desde tres mil metros de altura. La búsqueda —y la leyenda— de D. B. Cooper comenzarían al amanecer.

A la mañana siguiente del genial escape aéreo de D. B. Cooper, las autoridades comenzaron a buscar los restos del paracaídas o del propio Cooper. La investigación inicial comprendió un área de cerca de cien kilómetros cuadrados determinados por el posible punto de aterrizaje del osado ladrón. Durante meses, el FBI y la policía local peinaron la zona, interrogaron a decenas de personas y trataron de rastrear los billetes, todo sin éxito alguno. Cuando el clima primaveral lo permitió, la búsqueda se intensificó, esta vez con la asistencia de cientos de tropas del ejército estadounidense. Después de casi un mes de pesquisas, el resultado fue el mismo: ni rastro de D. B. Cooper.

El misterio continuó por siete años más. Fue hasta 1978 cuando un cazador que caminaba alrededor de la zona donde Cooper probablemente había tocado tierra encontró el primer objeto claramente perteneciente al legendario robo: una tarjeta con instrucciones detalladas sobre cómo hacer descender la escalinata trasera de un avión similar al que había abordado Cooper. Pero el primer auténtico hallazgo ocurrió en 1980, casi diez años después del prodigioso secuestro y hurto planeado por el enigmático señor Cooper. Fue entonces cuando un niño de ocho años de edad encontró, en el río Columbia, cerca de Vancouver, casi seis mil dólares envueltos en ligas pertenecientes al botín de Cooper. Para algunos, el hallazgo de los billetes era prueba irrefutable de que Cooper no había sobrevivido la caída o había muerto poco tiempo después de tocar tierra: los billetes seguramente se le habían escapado en plena agonía. Aún así, el dinero no logró resolver la mayor duda de todas:

¿qué ocurrió realmente con D. B. Cooper? Si bien es comprensible que un cuerpo humano en descomposición eluda detección por décadas, no puede decirse lo mismo del paracaídas, que son claramente visibles desde las alturas. Nadie, desde 1971, ha logrado recuperar ni un centímetro del paracaídas que usó D. B. Cooper. ¿Y qué hay del propio ladrón? Por increíble que parezca, la historia registra a algunos candidatos que podrían haber sido el fantástico secuestrador.

Para los miles de interesados en develar la verdad tras el misterio de D. B. Cooper, una pregunta sigue siendo la única que realmente importa: ¿pudo Cooper sobrevivir la complicadísima caída en paracaídas aquella noche de 1971? De ser así, ¿dónde ha estado todo este tiempo? Varias teorías han ganado fuerza en las últimas décadas desde el fenomenal secuestro en el noroeste de los Estados Unidos. La mayoría de los especialistas del caso creen que, de haber resistido la caída, D. B. Cooper tiene que haber sido en realidad no sólo un hábil ladrón sino también un veterano de la guerra de Vietnam y experto paracaidista llamado Richard McCoy. Apenas un año después de la hazaña de Cooper, McCoy secuestró un avión en Denver pidiendo quinientos mil dólares y cuatro paracaídas. McCoy logró escapar pero fue capturado dos días más tarde. Una vez en la cárcel se encargó de divulgar el rumor de que él era, en realidad, el auténtico D. B. Cooper. Un libro publicado años después señala diversas evidencias que podrían corroborar la historia de McCoy. Por desgracia, el hombre murió en una escaramuza con la policía tras escapar de la cárcel.

Pero la teoría de que Richard McCoy fuera D. B. Cooper no es la única posibilidad. En el 2007, un hombre llamado Kenneth Christiansen se volvió el principal sospechoso del fantástico caso. Lo más curioso es que la fuente inicial de la especulación resultó ser Lyle Christiansen, hermano de Kenneth. El señor Christiansen aseguraba que su hermano, un experto paracaidista y empleado de la aerolínea a la que pertenecía el avión que Cooper secuestró en 1971, tenía muchas coincidencias con el célebre secuestrador aéreo. Excéntrico, Kenneth Christiansen, presumía tener dinero que su empleo simplemente no podía proveerle. Algún tiempo después de la fecha del secuestro, Christiansen compró una casa en efectivo. Además, como lo había hecho D. B. Cooper durante el vuelo secuestrado, Christiansen fumaba cigarrillos y bebía bourbon. Por desgracia, a pesar de las coincidencias, los expertos creen que Christiansen no pudo haber sido Cooper: sus características físicas simplemente no concuerdan con la descripción de la mayoría de los testigos a bordo del famoso vuelo de noviembre de 1971. Entonces, el misterio sigue vivo. ¿Se conocerá alguna vez el verdadero destino del legendario D.B. Cooper? Cooper debería tener ahora alrededor de ochenta años de edad. Si vive, hay poco tiempo para que revele su verdadera identidad. No queda más que esperar.

El verdadero
Drácula

La literatura y el cine están llenos de monstruos míticos, figuras escalofriantes diseñadas por sus creadores para aterrar al público. Desde villanos de la complejidad psicológica del *Frankenstein* de Mary Shelley, hasta versiones mucho más burdas pero no menos efectivas como el célebre asesino Michael Myers de la serie de películas *Halloween*, encontrar un buen susto en la historia de la narrativa moderna no es cosa difícil.

De esa larga lista de representaciones del terror, ninguna puede compararse con la creada en 1897 por el escritor irlandés Bram Stoker. En un golpe de genialidad, Stoker ideó un villano capaz de combinar el canibalismo, el vampirismo y el ejercicio de la más sutil sexualidad. Representado cientos de veces en la pantalla grande y la escena teatral, el protagonista de la novela de Stoker ha habitado las pesadillas de la humanidad por más de ciento diez años. Se trata, por supuesto, del conde

Drácula, el voraz vampiro de finos modales y magnética presencia que marcara el principio de la fascinación por la sangre y la antropofagia en la narrativa universal.

Pero la historia de Drácula es terrible no sólo por el personaje ficticio de Stoker. También lo es porque, a diferencia de otros villanos de la literatura y el cine de horror, el vampiro de Transilvania está basado en una figura que realmente existió, aterrorizando, gracias a una imaginación infinita para la crueldad, a pueblos enteros. Detrás del conde de Bram Stoker se esconde un aristócrata de la Europa del este de los siglos XV y XVI, un auténtico maestro de la locura. Se llamaba Vlad Tepes, príncipe de Valaquia, en la moderna Rumania. Le decían "El empalador".

Vlad Tepes, que tuvo en un puño a la región de los Cárpatos en la segunda mitad del siglo XV, nació en 1431. Fue uno de los hijos de Vladislav II, conocido como "Vlad Dracul", o "Vlad el Dragón", temido cacique de Valaquia. La orden del Dragón gobernó aquella zona de Europa en tiempos complicados. A principios de la década de 1440, el padre de Vlad Tepes firmó, en inferioridad de condiciones, un pacto con los otomanos para garantizar el bienestar de su reino. Entre las condiciones impuestas por los poderosos turcos estaba la entrega de dos de los jóvenes hijos del soberano de Valaquia para ser criados y entrenados en tierra ajena. Ese fue el triste destino de Radu y Vlad, entonces aún niños, herederos de la gallarda dinastía Dracul. Ambos fueron criados por el sultán otomano en condiciones que, uno puede sospechar, incluyeron mucha más humillación que educación. Los dos niños eran, después de todo, hijos de una dinastía despreciada por los otomanos. Es difícil saber qué tanto habrá sufrido Vlad en manos del acérrimo rival de su padre y de su pueblo. Pero lo cierto es que, cuando finalmente volvió a Valaquia a la edad de dieciséis años, su sed de venganza había crecido de manera exponencial. Vlad quería sangre, no paz. Para entonces, su familia ya había sido asesinada de manera cruel y Vlad juró acabar con los enemigos de los Dracul.

Al poco tiempo, con la ayuda de los húngaros, el temible muchacho se hizo del trono de Valaquia y comenzó a cobrar viejas facturas. Aunque su odio más severo estaba reservado para los turcos, Vlad acabó primero con los boyardos, el grupo de nobles responsables del asesinato de su familia. Tras convocar a los boyardos a una cena de gala, Vlad asesinó a los de mayor edad usando su método favorito: el empalamiento, que no es otra cosa más que provocar la muerte lenta de una persona encajándola en un palo, muchas veces a través del ano. A los boyardos más jóvenes los obligó a trabajos forzados en la construcción de un imponente castillo. Muchos murieron por hambre o simple agotamiento. Aquel sería sólo el principio de un reinado de sangre como pocos ha visto la humanidad.

Después de aquella cruel lección a los boyardos, Vlad Tepes se aprestó a gobernar Valaquia con mano aún más dura. Experto en el arte de acobardar a los ciudadanos, comenzó a ejecutar a sus enemigos de manera pública y dolorosa. Era tal su afición por la tortura que, en 1459, realizó un acto que, de tan atroz, resulta difícil de describir. La pequeña ciudad de Brasov se había revelado en su contra, y Vlad Drácula no tuvo piedad. Tomó la ciudad y capturó a sus ciudadanos, mandándolos ejecutar formando una figura geométrica en lo que llamó "Un bosque de empalados". Después, mandó montar una mesa justo en el medio donde comió con toda tranquilidad mientras a su alrededor cientos de personas agonizaban aullando de dolor. Ese era el tamaño de su crueldad.

Vlad Drácula dedicó la siguiente década a vengarse de los turcos, que lo habían criado después de aquel pacto durante su infancia. Durante años, consiguió victorias salvajes y célebres. En alguna ocasión atrapó a los generales turcos y los abandonó en la frontera, pero sólo después de cortarles los pies y las manos. Su brutalidad se estaba volviendo legendaria incluso para la época, que de por sí no era particularmente misericordiosa. Pero no todos veían con buenos ojos la locura de Vlad Tepes. Poco tiempo más tarde, en una intriga palaciega, el cruel y joven monarca fue capturado y apresado. Se dice que fue entonces que su esposa, a la que amaba profundamente, decidió suicidarse antes que ir tras las rejas. La muerte de su mujer marcaría el resto de la vida del Drácula histórico. Encarcelado en una torre, planeó su venganza. Buscaría liberarse y cobrar aún más vidas. Y, aunque fuera brevemente, lo conseguiría.

Vlad Tepes estuvo preso cerca de una década. Pero no desperdició ni un instante. Desde la cárcel, conspiró para ganar de nuevo el favor de la familia real húngara, única capaz de liberarlo y permitirle volver al sitio que más amaba: el campo de batalla. Así, alrededor de 1475, el príncipe de Valaquia finalmente logró lo que quería: gracias a un matrimonio de conveniencia con una condesa húngara que le daría dos hijos, volvió a las andadas. Para 1476 ya había conquistado Valaquia de nuevo. Pero eso no lo dejó satisfecho. Sediento de venganza, emprendió una nueva lucha contra sus enemigos históricos, los responsables de dolores terribles para su familia y su pueblo: los turcos. Pero esta vez no tuvo tanta suerte. A finales de aquel año, en una batalla cerca de la actual Bucarest, el temido Vlad Tepes fue herido de muerte por el ejército rival. El odio de los turcos por el temible soberano de Valaquia los llevó a atrocidades innombrables. Profanaron el cadáver hasta que quedó irreconocible, luego lo decapitaron y enviaron la cabeza a Estambul, la capital del imperio turco, donde el sultán la exhibió para que sus súbditos pudieran comprobar que el enemigo histórico de su pueblo había fallecido realmente.

Pero ese fue sólo el principio de la leyenda de Vlad Tepes. A lo largo de los siglos que siguieron, la figura del príncipe de Valaquia no hizo más que acrecentarse y complicarse. El folclor de la región comenzó a referirse a él no tanto como un líder militar despiadado sino como un hombre con poderes demoniacos, capaz de conjurar, en batalla, el respaldo de los espíritus más malignos. Muchos aseguraban que el espíritu del "Empalador" se aparecía en los campos de batalla, inundando de miedo a las tropas rivales. Para el siglo XVI, Vlad Tepes había dejado de ser el soberano mítico de Valaquia. Ya era, para todos aquellos que escuchaban su nombre, el vampiro de los Cárpatos. Era cuestión de tiempo para que esa leyenda llegara a oídos de un joven novelista irlandés.

Cuatrocientos años pasaron entre la muerte de Vlad Tepes cerca de Bucarest y el nacimiento de la que sería, hasta nuestros días, la figura más aterradora de la enciclopedia de la mitología del terror contemporáneo. Para el siglo XIX, la historia de Vlad Tepes había sido recogida en distintos libros de autores reconocidos. Una o más de estas obras alcanzaron a Bram Stoker, un escritor irlandés obsesionado con el folclor europeo. Stoker seguramente se topó con la historia de Vlad Tepes en algún libro que narraba la historia turbulenta de la región de los Cárpatos en la parte final de la Edad Media. Por si fuera poco, Stoker mantenía una amistad cercana con varios estudiosos que, como él, seguían de cerca a las misteriosas figuras que rondaron no sólo el imperio otomano sino el entorno húngaro trescientos años atrás. En cualquier caso, para finales del siglo XIX, Bram Stoker ya había comenzado a escribir una novela que tenía como protagonista a un conde transilvano que, fascinado por la vida eterna, emigraba misteriosamente a las costas de Inglaterra en busca de nuevas conquistas mortales.

Como Vlad Tepes, el Drácula de la novela de Stoker había combatido a los turcos y estaba enamorado de las más negras artes mágicas. Desde su aparición en la Inglaterra victoriana, la novela causó un revuelo inusitado. Su potente carga erótica convirtió al libro —y a su diabólico personaje— en objeto de polémica y culto. En el siglo que ha pasado desde entonces, el conde Drácula ha aparecido cientos de veces en la pantalla grande, siempre representado como una figura al mismo tiempo melancólica y violenta. ¿Qué habría pensado Vlad Tepes de su destino como personaje de ficción? Seguramente le habría encantado. Después de todo, era un hombre obsesionado con la dominación mundial. ¿Quién lo diría? A través de Drácula, el príncipe de Valaquia finalmente conquistó la inmortalidad en millones de pesadillas.

El Santo Sudario

El cristianismo puede presumir muchas leyendas de reliquias maravillosas, piezas de historia viva que, de acuerdo con la tradición, nos hablan de la gloria divina en pleno siglo XXI. Algunas, como el mítico Santo Grial, están perdidas en la espiral del tiempo. Otras más permanecen guardadas en secreto, en alguna bóveda oscura. Pero hay otras que están ahí, casi al alcance de la mano, pruebas palpables del misterio que aún rodea al quehacer humano.

Quizá ninguna reliquia ha despertado tanta polémica y pasión como el sudario de Turín, la sábana santa que, de acuerdo con la fe, sirvió para cubrir el cuerpo de Cristo apenas bajó, ya fallecido, de la cruz. La imagen del sudario es, en efecto, impresionante: a lo largo de sus más de cuatro metros de longitud se aprecia claramente la imagen de un hombre de aproximadamente un metro ochenta de estatura descansando tras la llegada de la muerte. Lleva el rostro barbado y el cabello largo. A lo largo del cuerpo tiene distintas heridas, todas en perfecta concordancia con lo que los evangelios describen en la agonía y muerte del hombre que marcó para siempre la historia humana. Para los creyentes, ese hombre de grandes ojos y nariz pronunciada no es otro que Jesucristo. Pero, ¿cuál es la historia real del Santo Sudario de Turín? ¿Cómo es que esa imagen sobrecogedora terminó estampada en aquel largo trozo de lino? ¿Se trata realmente de la impresión indeleble del cuerpo *post mortem* del fundador del cristianismo? ¿O es, como dicen los escépticos, sólo una notable pieza artística, creada precisamente para conmover a millones de fieles?

La controversia alrededor de la historia perdida del Santo Sudario de Turín comienza a finales del siglo XIX, cuando la invención de la fotografía permitió la obtención de las primeras imágenes detalladas de la legendaria tela. A finales de 1898, un fotógrafo aficionado llamado Secondo Pía obtuvo un inusual permiso de la jerarquía católica para fotografiar el sudario. Después de varios intentos con diferentes iluminaciones y tiempos de exposición, Pia obtuvo una imagen en negativo que, a partir de ese momento, daría la vuelta al mundo. En el negativo de Pía se observaba el rostro de un hombre barbado, con los ojos cerrados y heridas en la frente, congruente con el que, de acuerdo con los evangelios, debió ser la expresión en el rostro de Cristo momentos después de finalizada su agonía en la cruz. Pero no sólo eso: el negativo también reveló otras características físicas correspondientes a la historia de los últimos momentos de vida de Cristo: la espalda estaba destruida a latigazos, las manos y pies heridos, los hombros lacerados. En suma, la imagen era perfecta: parecía, en efecto, un retrato del cuerpo de un hombre brutalmente torturado y crucificado. ¿Acaso era posible que aquella imagen fuera en realidad la impresión dejada por el cuerpo del nazareno casi dos mil años atrás?

Para tratar de encontrar una respuesta, hay dos preguntas clave: con qué material se hizo la imagen y cuál era la antigüedad de la tela. Es alrededor de esas dos grandes interrogantes que se ha desarrollado la polémica del Santo Sudario de Turín. La primera referencia histórica existente sobre la sábana santa data del siglo XIV, cuando apareció en la iglesia de Lirey, en Francia. En los mil trescientos años que existen entre la estancia del sudario en Lirey y la muerte de Cristo, hay pocas menciones a una tela que cubriera los restos del fundador del cristianismo tras su muerte. Algunas, sin embargo, son notables: desde los evangelios, hasta diversos testimonios provenientes del siglo XIII, sin duda existen referencias a algún tipo de sábana o pañuelo cubriendo el cuerpo de Cristo. Pero, ¿se trata del sudario que ha llegado a nuestros tiempos?

La primera línea de investigación alrededor del sudario tiene que ver con las características físicas del sujeto en él representado y la concordancia histórica de las heridas que muestra. En otras palabras: ¿es creíble que la imagen represente a un hombre asesinado en Judea hace dos mil años? La evidencia que usan los defensores de la autenticidad de la sábana santa es la localización de las heridas en las muñecas del hombre. Es verdad que, durante la Edad Media, periodo en el que, según los escépticos fue creado el sudario, la enorme mayoría de los pintores representaban las lesiones de la crucifixión no en las muñecas sino en las palmas de las manos. Pero eso es un error histórico: los romanos clavaban las extremidades superiores precisamente en las muñecas, entre el cúbito y radio, sitio más resistente a la postura cruel que mantiene el crucificado. El hecho de que el hombre del sudario presente heridas en las muñecas es, para los creyentes, una importante prueba de su autenticidad. Y eso no es todo. Las dimensiones antropométricas del hombre en el sudario también son verosímiles: se trata de un hombre de no más de cuarenta años de edad, que mide alrededor de un metro ochenta (alto, por cierto, para la época del Jesús histórico). ¿Y qué hay de las manchas de supuesta sangre en el sudario? Aquí, la cosa se complica. Hay quien dice que las manchas son en efecto sangre tipo AB. El problema con esa explicación es que ese tipo hemático es una combinación relativamente reciente: es hasta el año 700 de nuestra era cuando aparece la primera evidencia de la existencia de ese código sanguíneo. Y aunque otros estudios posteriores concluyeron que las manchas eran realmente sangre, el dato importa poco para los creyentes. En cualquier caso, dicen, podría tratarse de sangre usada por un artista osado y creativo en el siglo XIV.

La única posibilidad para determinar la autenticidad de la sábana santa era realizar la prueba de carbono 14. Cuando la controversia alrededor del Santo Sudario de Turín estaba por cumplir un siglo, un grupo de expertos decidió, finalmente, utilizar el más avanzado sistema de verificación científica para juzgar la legitimidad histórica de la sábana santa. En 1978, la Iglesia fundó el "Proyecto de Investigación del Sudario de Turín", en un inusual intento por poner la ciencia al servicio de la historia de la religión. El plan, que involucró a varios laboratorios de renombre, se llevó casi diez años de polémicas y discusiones para tomar forma definitiva. Para finales de la década de los ochenta, el grupo de científicos eligió a los expertos Franco Testore y

Giovanni Riggi para obtener la muestra que se sometería a la prueba del carbono 14, mediante la cual es posible determinar, casi sin rastro de duda, la edad de un artefacto. Se obtuvo una franja de ocho centímetros de longitud, por uno y medio de grosor. Las muestras se enviaron a los tres laboratorios elegidos para el estudio: uno en Tucson, Estados Unidos, otro en Oxford, Inglaterra y el último en Zurich, Suiza.

Durante poco más de cuatro meses, el mundo esperó ansioso el resultado. Si los laboratorios determinaban que el lino de la sábana santa tenía dos mil años de antigüedad, las posibilidades de que aquel fuera realmente el cuerpo de Cristo crecerían de manera exponencial. El 13 de octubre de 1988, en una conferencia de prensa, la iglesia anunció el resultado. Casi de manera unánime, los tres laboratorios asignaban al siglo XIV como fecha probable del origen de la sábana. Justamente como los escépticos habían argumentado por décadas, la tela era producto no de la Judea de siglo I, sino del final de la Edad Media. La noticia fue un balde de agua fría para los fieles a la historia del Santo Sudario. Pero no fue, ni por asomo, el final del apasionante debate.

Casi de inmediato, una serie de expertos comenzaron a cuestionar los resultados. Uno de los primeros reparos tuvo que ver con el posible efecto que pudo haber tenido en la tela el célebre incendio de 1532, que cerca estuvo de consumir el sudario y cuyas consecuencias aún son visibles en la tela. Para quienes defienden esta teoría, el fuego pudo haber modificado de manera considerable la lectura del carbono 14. Otros más señalan que los análisis de los tres laboratorios cometieron inconsistencias que hacen imposible asegurar que sus resultados son, en efecto, confiables o concluyentes. Pero el reparo más interesante y provocador es el de quienes aseguran que ningún resultado obtenido de un fragmento tan cercano a la orilla del sudario puede considerarse digno. El trozo, dicen, pudo haber sido parte de una tela distinta. La única manera de comprobar a ciencia cierta de qué año data la Sábana Santa sería recortar una pieza del área central, donde, de ser cierto el origen mítico del sudario, la tela entró en contacto con el propio cuerpo de Cristo. Y esto coloca la polémica en una disyuntiva de imposible solución. Es muy poco probable que la Iglesia acepte recortar la imagen del hombre del Santo Sudario. Aquello sería una profanación. Para complicar más las cosas, ya en pleno siglo XXI, varios artistas aseguran haber podido reproducir fielmente el sudario con técnicas no actuales sino disponibles hace cientos de años. La Iglesia responde siempre de la misma manera: es imposible replicar el sudario. Así, a final de cuentas, el camino termina donde empezó: en la práctica misteriosa de la fe.

Los discos dropa

La pregunta hace temblar al más pintado: ¿será posible que seres de otros mundos no sólo hayan visitado la Tierra sino que hayan perdido el control de sus naves para haber fallecido en suelo terrestre o, más emocionante todavía, quedar varados entre nosotros durante años? El último siglo registra sobre todo un gran descubrimiento de presuntos restos de una civilización extraterrestre. Lo ocurrido en Roswell, Nuevo México, en 1947, es de sobra conocido. Pero el incidente Roswell no es, ni con mucho, el único episodio en el que existen posibles rastros de presencia extraterrestre entre nosotros.

Para los fanáticos de la ufología, ninguna historia de búsqueda de vida alienígena se compara con lo descubierto en las montañas de la China profunda a finales de los años treinta del siglo XX, por un equipo de arqueólogos de la Universidad de Pekín. La expedición se había dirigido a las montañas de Baian

Kara Ula en el Himalaya, cerca del límite entre China y la tierra de Tíbet, una de las zonas menos exploradas y más inhóspitas del mundo. Encabezados por un respetado profesor de arqueología llamado Chi Pu Tei, los investigadores llegaron a una serie de cuevas que, a primera vista, parecían ser producto no de la naturaleza sino de algún otro agente, quizá colonizadores primitivos de la región. Los especialistas comenzaron a recorrer las cuevas y encontraron, para su asombro, que lo que parecía ser un simple refugio era en realidad un auténtico laberinto de bóvedas conectadas entre sí. Suaves y casi sin bordes, las paredes daban la impresión de haber sido aplanadas con algún tipo de artefacto emisor de calor. El acabado de los muros y la distribución de las cuevas llamaron la atención del equipo de arqueólogos. A juzgar por la evidencia disponible, aquello no parecía obra de un grupo de pobladores con herramientas limitadas en una región de tan difícil acceso. Pero las cuevas mismas no serían, ni de lejos, la parte más asombrosa de lo descubierto por los científicos chinos en 1938. De pronto, uno de los miembros de la expedición encontró un sitio que escondía lo que parecía ser un mausoleo, filas de tumbas de los seres que, quizá, alguna vez habían poblado aquel extraño lugar. Y no eran seres humanos cualquiera. Quizá ni siquiera eran como nosotros.

Tras encontrar las tumbas dentro de las insólitas cuevas de las montañas de Baian Kara Ula, los arqueólogos chinos procedieron a investigar los restos ocultos dentro de los primitivos ataúdes de piedra. Quizá pensaban descubrir esqueletos similares a los de los pobladores actuales del área. Lo que hallaron fue algo muy, pero muy distinto. Ahí, dentro de esas peculiares tumbas, había decenas de restos de lo que parecían ser humanoides de no más de un metro treinta de estatura. Las cabezas de los muertos eran mucho más grandes que las de un ser humano promedio. Por si fuera poco, los arqueólogos describieron una serie de dibujos en las paredes de la habitación mortuoria en la que era posible ver trazos que representaban a figuras muy similares a las que parecían estar ahí, frente a ellos, en huesos. Poco a poco estaba claro que los seres enterrados en las cuevas del Himalaya no eran ni seres humanos, ni animal alguno conocido sobre la Tierra. El misterio se complicó cuando uno de los científicos tropezó con lo que con el tiempo se convertiría en uno de los enigmas más apasionantes de la arqueología mundial. Ahí, en el piso, había más de setecientos discos de piedra de entre veinte y treinta centímetros de diámetro y otro par de ancho. En el centro tenían un agujero perfecto de dos centímetros. Al revisar con cuidado los extraños discos, los investigadores descubrieron que algunos llevaban inscripciones en un lenguaje jeroglífico incomprensible. Asombrado y quizá un poco temeroso, Chi Pu Tei, el hombre que encabezaba la expedición, ordenó almacenar algunos de estos discos para llevarlos de vuelta a la capital china. Y así ocurrió. Al llegar a Pekín, sin embargo, los discos terminaron escondidos en algún sitio en la inmensa universidad local. No hubo análisis posterior, sólo lo que parecía ser una conspiración buscando ocultar aquel deslumbrante acervo arqueológico.

A partir de entonces, la historia de los discos de piedra se nubla por la fantasía. El siguiente capítulo es una versión jamás confirmada. Cuenta la historia que, tras dos largas décadas, otro experto se dispuso a entender cuál era el mensaje inscrito en las piedras circulares rescatadas en las cuevas de la China profunda a finales de los años treinta. El nombre del supuesto experto criptólogo era Tsum Um Nui. De comprobarse, lo que descubrió podría cambiar el entendimiento que aún hoy tenemos de nuestro mundo. Los autores de las piedras decían llamarse... los dropa.

El trabajo de investigación que hiciera el hombre conocido como Tsum Um Nui en los discos de piedra descubiertos a finales de la década de los años treinta en las montañas del Himalaya es una historia fantástica. Cuenta la leyenda que, a finales de la década de los cincuenta, el investigador rescató los discos del olvido, después de haber estado guardados por años. Decidido a revelar los secretos de las piedras, labradas con una precisión asombrosa, Tsum Um Nui estudió los mensajes inscritos en ellas, comenzó el laborioso esfuerzo de registrar los distintos caracteres grabados en los discos. Lo primero que descubrió fue el nombre de los supuestos autores de las piedras y, es posible suponer, de los moradores de las cuevas de la China profunda. Se llamaban los dropa.

Pero eso fue sólo el principio. De acuerdo con los análisis de Tsum Um Nui, las piedras revelaban que una nave extraterrestre había sufrido un percance catastrófico hace aproximadamente doce mil años en lo que ahora es la República Popular China. Para Tsum Um Nui, los sobrevivientes de este choque interestelar echaron raíces en el nuevo planeta, viviendo en cuevas y registrando parte de su historia en los discos, cincelados con una precisión simplemente inexistente en cualquier otra parte de la Tierra hace más de diez mil años. Para sorpresa de nadie, los colegas chinos de Tsum Um Nui rechazaron la teoría y la catalogaron como obra de la fantasía. Aún así, la historia siguió creciendo. A pesar del hermetismo que prevalecía en China a mediados del siglo xx, varias publicaciones más allá de las fronteras del gigante asiático recogieron los rumores sobre el descubrimiento de evidencia de un choque de una nave espacial que, increíblemente, podría haber derivado no en la muerte de todos los tripulantes extraterrestres sino en el establecimiento de una suerte de colonia en las montañas más inhóspitas de la Tierra. Y no era para menos, si la hipótesis de Tsum Um Nui resultaba correcta, si de verdad las piedras dropa contaban la historia de un grupo de alienígenas que habían hecho de la Tierra su nuevo hogar, la historia misma de la humanidad cambiaría para siempre.

El misterio de los discos de los dropa se vuelve aún más interesante cuando se analiza la tradición oral de la zona del Himalaya donde los arqueólogos chinos hallaron los discos de piedra en 1938. De acuerdo con los expertos, los habitantes de la zona cuentan una historia muy parecida a la que, de acuerdo con el supuesto investigador Tsum Um Nui, estaba inscrita en las piedras dropa. Dicen los antiguos pobladores de las grandes montañas asiáticas que en algún momento de la historia primitiva, un extraño objeto en efecto se impactó contra la cara de la cordillera. De ella emergieron los habitantes de las cuevas, seres de baja estatura y carácter profundamente reservado que preferían ocultarse en los huecos de la montaña antes que ser vistos por el resto de los habitantes de la región. De acuerdo con la leyenda, los dropa llegaron a la Tierra desde la constelación de la estrella Sirio, protagonista de muchas otras mitologías y no pocas tradiciones cosmogónicas de la humanidad, incluida la compleja tradición religiosa de los egipcios, cultura que no está exenta de referencias a la posible presencia de extraterrestres. La tradición oral de esa recóndita región de China, cuenta que estos seres fueron posiblemente maltratados por los habitantes originales de la zona, que los veían con recelo y temor, a pesar de que los supuestos extraterrestres jamás demostraron tener intenciones que no fueran pacíficas.

Con el paso de los años, las piedras de los dropa han seguido fascinando a los especialistas. Arqueólogos y criptólogos, aficionados y profesionales, han tratado de explicar el origen de los discos descubiertas en China hace más de setenta años. La siguiente noticia que el mundo tuvo de las piedras dropa llegó a finales de la década de los sesenta, cuando un científico ruso de apellido Saitsev, se dio a la tarea de explicar las propiedades de las piezas misteriosas. Lo que encontró sólo se suma a la larga lista de preguntas que aún rodean a estos discos grabados.

Aunque es probablemente imposible saber a ciencia cierta cuál es el origen real de los discos, un par de intentos de investigadores en la segunda mitad del siglo XX pueden ayudar, quizá, a acercarnos a una conclusión. A finales de la década de los sesenta, un grupo de especialistas en Rusia, encabezados por el doctor Vyatcheslav Saitsev, realizó una serie de análisis a algunos ejemplares. Primero fueron sometidos a un proceso de limpieza profunda para después poder estudiar a fondo su conformación química. Los resultados asombraron a los expertos. Los discos presentaban cantidades anormales de varios metales, sobre todo de cobalto. Después, los científicos rusos los colocaron en una torna mesa diseñada especialmente para la ocasión. El resultado fue una reacción también sorprendente. Al girar, los discos comenzaron a vibrar y a emitir un sonido extraño, un zumbido penetrante. Algunos miembros del grupo de estudio en Moscú sugirieron que los discos habían sido expuestos a descargas eléctricas en algún momento, algo claramente imposible en las cuevas más recónditas del Himalaya donde habían sido hallados.

Lo último que se sabe de los discos de piedra de los dropa es un par de fotografías tomadas a mediados de los setenta por un ingeniero austriaco llamado Ernst Wegerer, quien visitaba un famoso museo en Xi'an, en China, cuando vio los discos expuestos en una vitrina. Sabedor de la leyenda alrededor de esas piedras circulares, Wegerer pidió a la directora del museo que le dejara verlas de cerca. Para su enorme sorpresa, la mujer accedió. Wegerer calculó que cada pieza pesaba un kilo y medía treinta centímetros de diámetro. El austriaco fotografió los discos y se propuso regresar para negociar un préstamo para llevarlos a alguna institución en su país. Para su desgracia —y la nuestra— las autoridades chinas no tomaron a bien la generosidad de la directora del museo de Xi'an. La mujer desapareció y los discos fueron incautados por las autoridades de Pekín. Nada se sabe desde entonces del destino de las legendarias piezas que supuestamente narran la historia de los dropa, los extraterrestres que hicieron su hogar en el imponente Himalaya, hace miles y miles de años.

El enigma de Roanoke

La historia de la colonización de América está llena de misterios. Después de todo, el encuentro de dos culturas tan distintas como la europea y la que en aquel tiempo habitaba en nuestro continente no pudo haber sido más traumático. No es exagerado advertir que lo único que realmente compartían europeos y americanos era su mutua humanidad. Creían en cosas casi irreconciliables, se comportaban de maneras distintas, se alimentaban de modos diferentes. Y, salvo algunas honrosas y escasas excepciones, buscaban la destrucción del otro.

La crueldad de los conquistadores es legendaria. En su afán por encontrar riquezas y hacerse de tierras, pisotearon los derechos más elementales de los pueblos indígenas desde el antiguo México hasta el legendario Perú de los incas. Pero la historia de los terribles desencuentros entre las fuerzas invasoras y los pueblos indígenas americanos no se limita a lo que hoy es

América Latina. El enfrentamiento de los primeros colonizadores ingleses y las tribus nativas en el actual territorio de Estados Unidos representa, sin duda, una de las historias más
sangrientas de los últimos 500 años de la humanidad.

Es, en efecto, una historia llena de sangre. Pero también
de misterios fabulosos. Quizá la leyenda más singular surgida de
esa pugna entre dos culturas sea el destino de la primera colonia que estableció la corona británica en territorio americano,
en una pequeña isla en lo que ahora es el estado de Carolina
del Norte, al este de los Estados Unidos. La isla, llamada Roanoke, constituyó el primer intento inglés por arraigar una colonia en lo que era, entonces, una tierra enteramente dominada
por varias tribus indígenas de carácter numeroso e indomable.
Los ingleses, en cambio, eran pocos y estaban desprotegidos y
confundidos. Al final, el destino de aquel primer grupo de colonizadores —niños, mujeres y hombres tratando de comprender una tierra que les resultaba completamente extraña— es
uno de los más grandes misterios de lo que con el tiempo se
convertiría en Estados Unidos.

Para finales del siglo XVI, el imperio inglés tenía prisa de es-
tablecerse con autoridad en el nuevo continente. América ofre-
cía no sólo míticas riquezas sino un territorio fértil que podría
servir a las naciones europeas para impulsar sus economías. El
primer intento inglés por colonizar tierra americana ocurrió en
1585. Guiados por el célebre marino sir Walter Raleigh, hombre
de confianza de la no menos famosa reina Isabel I, un grupo de
hombres se establecieron en una isla en la costa del territorio que
años después sería Carolina del Norte. La isla se llamaba Roanoke.

Pero los colonizadores no tuvieron suerte. Amenazados por
las distintas tribus nativas y enfrentados con una larga lista de

obstáculos para conseguir alimento, la pequeña colonia duró sólo un par de años en pie. Para 1586, los colonizadores dejaron el nuevo continente gracias a la generosidad de otro de los grandes marineros de la época, el pirata Francis Drake. En una cruel coincidencia, apenas unos días después llegaría a Roanoke el barco que reabastecería la colonia. Richard Glanville, comandante de aquella flota, ordeno a quince hombres quedarse en Roanoke para no perder el territorio. Es difícil imaginar la angustia que habrán sentido los marineros de Glanville cuando vieron a los barcos ingleses alejarse en el horizonte. Seguramente sospechaban que la vida en la isla americana aquella no les sería sencilla. Y no se equivocaron. Cuando Walter Raleigh volvió a Roanoke un año después, encontró una escena sobrecogedora. De los quince guardianes de la colonia no quedaba nada más que los huesos de un solo hombre. Abrumado, Raleigh trató de averiguar qué era lo que había pasado. Una de las tribus locales con las que el famoso marino inglés logró dialogar le explicó que, en efecto, otras tribus habían agredido al pequeño grupo de colonizadores. Algunos habían muerto. Los otros, aterrados, habían tratado de huir en un pequeño bote sólo para desaparecer para siempre en el oleaje del alto Atlántico americano. Pero aquella tragedia no acabaría con las intenciones colonizadoras inglesas, ni con el misterio de la ya legendaria Roanoke.

Después de la desaparición de los hombres que había dejado el capitán Richard Glanville en la isla de Roanoke, lo más sensato para la corona británica quizá habría sido aprender la lección y abandonar sus planes de colonización. Pero el siglo XVI no era tiempo para el sosiego. Todos los imperios europeos estaban en franca expansión, y el Reino Unido no podía quedarse atrás. Fue así como, a finales de julio de 1587, un nuevo grupo de colonizadores hizo su arribo a la isla de Roanoke. Esta vez, el grupo era más numeroso. Casi cien hombres acompañados de una veintena de mujeres y al menos nueve niños. La nueva colonia estaría encabezada por John White, quien había sido parte de la primera expedición, que, un año antes, había escapado en el barco de Francis Drake días antes de la llegada del buque con provisiones. La esposa de White llegó embarazada al nuevo continente y, dos meses después de tocar tierra americana, daría a luz a Virginia, la primera niña de origen inglés en nacer en la colonia de Roanoke; en muchos sentidos, la primera ciudadana de lo que con los siglos se convertiría en Estados Unidos.

Para desgracia de White y sus compañeros de la colonia de Roanoke, la felicidad por el nacimiento de la pequeña Virginia duraría poco tiempo. Semanas más tarde, uno de los colonizadores sería asesinado por una de las varias tribus hostiles que rodeaban la aldea de los ingleses. La muerte del hombre aquel obligó a John White a navegar de vuelta hacia Inglaterra para buscar el consejo de la corona. La despedida debe haber estado llena de angustia. Y con buenas razones, porque la vida le tenía preparada una auténtica tragedia no sólo a White sino al pequeño grupo de hombres, mujeres y niños que, con enorme valentía, estaban tratando de echar raíces en América. Porque, aunque White no podía saberlo, aquella sería la última vez que vería con vida a su joven mujer y a su hija. La colonia inglesa de Roanoke estaba a punto de entrar al terreno de lo desconocido.

El capitán John White tardaría tres años en volver a la isla de Roanoke. Debe haber sido un periodo lleno de desesperación para el joven marino. Ahora es difícil imaginar una situación así, pero a finales del siglo XVI, White simplemente no podía saber qué estaba ocurriendo del otro lado del mundo no sólo con las decenas de colonizadores que él mismo había llevado hasta el nuevo mundo sino con su esposa e hija, a las que había tenido que abandonar sin chistar un solo instante. White logró hacerse de nuevo a la mar a mediados del 1590. Después de semanas de navegar, el barco en que viajaba White divisó tierra firme en agosto. Sin perder un solo instante, White se desplazó hacia el corazón de Roanoke, con la esperanza de encontrar sanos y salvos a los suyos. Lo que halló seguramente le rompió el corazón. La colonia estaba desierta. Nada quedaba de los hombres, mujeres y niños que White había dejado atrás apenas tres años antes.

Pero White no perdió la esperanza. Recordó que había dejado instrucciones para que, en caso de emergencia, los colonizadores idearan alguna manera de informar, en clave, de su destino. White y sus acompañantes comenzaron una búsqueda frenética. Lo primero que descubrieron los entristeció. En un extremo de la aldea, los colonizadores habían erigido una barda de contención. La construcción no dejaba lugar a dudas: los hombres y mujeres de Roanoke se habían visto amenazados por las tribus circundantes. Pero eso no quería decir que habían muerto, pensó White. Y su optimismo se vio recompensado cuando, a algunos metros de distancia, alguien descubrió una palabra grabada en uno de los grandes tablones de la cerca. La palabra era "Croatoan". Para White, aquel extraño vocablo fue una bocanada de aire fresco. Después de todo, White sabia que la única tribu que se había mostrado relativamente amistosa con los colonizadores era precisamente la de los indios croatanos. Pensando que su mujer, su hija y el resto de los pioneros habían decidido refugiarse con los croatanos, White trató de navegar hacia una isla vecina donde habitaba la tribu. Para su desgracia, sin embargo, el clima se tornó violento y le impidió siquiera comenzar la búsqueda. Con el corazón roto, John White tuvo que volver a Inglaterra sin su pequeña familia.

En las décadas siguientes, varias nuevas colonias inglesas se establecieron en América. A diferencia de lo ocurrido con el grupo de Roanoke, estos pioneros tuvieron suerte: lograron comprender la vida en el nuevo continente y combatieron con éxito a las tribus nativas, en muchos casos exterminándolas sin clemencia alguna. A lo largo de los años, varios de aquellos colonizadores buscaron pistas que les revelaran el destino de sus antecesores en Roanoke. El tiempo ha dejado sólo dos posibles desenlaces para aquel grupo que incluía a la primera niña de origen inglés nacida en territorio americano. El final más probable para los desafortunados colonizadores avecindados en la isla de Carolina del Norte es, claro está, la muerte. Ya sea por la histórica sequía que azotó la zona justo a finales de la década de los 1580 o por un enfrentamiento fatal con alguna de las muchas tribus hostiles a la presencia de los ingleses, es muy probable que los hombres, mujeres y niños de Roanoke simplemente hayan perecido en algún momento de los tres años que tardó John White en regresar al nuevo continente.

Pero aquello no es, ni con mucho, el único desenlace posible. En una posibilidad fabulosa, hay quien piensa que los colonizadores de Roanoke buscaron solaz dentro de la tribu de los croatanos. Con el tiempo, se piensa, probablemente se asimilaron a los usos y costumbres locales y ocurrió un proceso de mestizaje. Algunos especialistas incluso han identificado a la tribu en cuestión. Se trata de los indios Lumbi, conocidos en Carolina del norte por tener una apariencia singular que, de acuerdo con la leyenda, revela su origen: nativos de América y anglosajones, en mestizaje. El misterio podría ser resuelto a través de análisis genéticos. Pero eso parece estar descartado. Estados Unidos es un país donde la discriminación y el racismo son heridas profundas. Nadie parece dispuesto a hurgar en la genética de una tribu como la de los Tumbi, aunque eso represente la única manera de resolver uno de los misterios más apasionantes de los últimos siglos: el destino trágico —o virtuoso— de la colonia inglesa de Roanoke.

Alejandro I de Rusia,
¿de Zar a mendigo?

La memoria de la humanidad está llena de figuras de auténtica relevancia que, por razones misteriosas, parecen haber desaparecido de la faz de la Tierra sin mayor explicación. El mito alrededor de estos protagonistas de la historia ha generado una lista casi infinita de teorías de la conspiración y de hombres y mujeres que, en un afán por ganar notoriedad, han levantado la mano aduciendo ser ya sea esas mismas personas o herederos del linaje de esas grandes figuras perdidas en el tiempo. Ese es el caso, por ejemplo, de la legendaria princesa rusa Anastasia, quien, se dice, logró sobrevivir milagrosamente al exterminio de la familia real de Rusia en 1918 para seguir con su vida escondida en algún lugar del mundo durante todo el siglo XX. A lo largo de las últimas décadas, varias mujeres aseguraron ser la mítica princesa rusa pero ninguna, por desgracia, pudo comprobarlo. Lo más probable, entonces, es que Anastasia

Románova, la hija más pequeña del Zar Nicolas II, haya sido asesinada junto a su familia en 1918 cuando tenía apenas 17 años de edad.

Pero otras leyendas de protagonistas de la historia extraviados en el tiempo tienen conclusiones muy distintas para la trágica muerte de Anastasia. Una de las más extraordinarias ocurrió también en el vasto territorio de la gran Rusia durante el siglo XIX. Se trata de la vida de un hombre misterioso conocido como Fiódor Kuzmich, un pordiosero que, tras ser enviado al inhóspito clima de Siberia, vivió como un ermitaño dentro de su celda y, más notable aún, adquirió fama de sanador y místico. No pasó mucho tiempo para que fuera conocido y temido en la región. Se dice que su porte, elegancia y majestuosidad provocaban auténticas reacciones de frenesí en aquellos que se le acercaban buscando consejo o alivio. La presencia de Kuzmich resultaba tan imponente que algunos comenzaron a rumorar que aquel hombre no era en realidad un mendigo con poderes místicos sino alguien muy, pero muy diferente: el mismísimo Zar Alejandro I, quizá uno de los líderes políticos y militares más notables de finales del siglo XVIII.

La posibilidad de que el ermitaño místico Fiódor Kuzmich haya sido en realidad el zar Alejandro I de Rusia ha fascinado a los historiadores de aquellas tierras desde que la vida de Kuzmich se diera a conocer a mediados del siglo XIX. La transformación de identidades parecía imposible. Después de todo, Alejandro I de Rusia había sido una de las figuras eminentes del turbulento inicio del siglo XIX, disputando batallas épicas contra los ejércitos napoleónicos y comenzando un proceso de liberalización en Rusia que a muchos recordó el ímpetu del mismísimo Pedro el Grande, quizá el soberano más respetado y querido de la historia rusa. La sola idea de que Alejandro I se hubiera atrevido a fingir su propia muerte para comenzar una vida de miseria y contemplación resultaba improbable. ¿Cómo es que un hombre acostumbrado a la cumbre del poder lo deja todo para refugiarse en la soledad, la reflexión y el anonimato?

Para entender las posibles razones que pudo haber tenido Alejandro I para convertirse en Fiódor Kuzmich hay que empezar en el principio mismo de la vida del que fue, sin duda, uno de los monarcas más notables no sólo de Rusia sino de toda la historia europea. Alejandro I de Rusia fue hijo del también zar Pablo I, un hombre conocido por su crueldad, excentricidad y falta de pericia política. Paranoico por naturaleza, Pablo I desconfiaba hasta de su sombra. Temía ser asesinado. Y tenía razón. En una conspiración que, de acuerdo con algunos expertos, fue encabezada por su propio hijo Alejandro, el zar perdió la vida a la edad de 47 años. Alejandro I, que había sufrido severamente bajo el mando de su padre, de inmediato comenzó a cambiar el rumbo de su nación. A diferencia de Pablo I, Alejandro I de Rusia admiraba las maneras occidentales y gustaba de poner en práctica ideas liberales. El joven zar incluso comenzó a mover sus piezas para acabar con la servidumbre feudal, algo impensable hasta entonces. Por si fuera poco, el zar pobló las ciudades rusas de escuelas y demás institutos de educación. Pero el éxito de Alejandro I como zar de Rusia no se limitó a la política interna. Sabedor de los tiempos complicados que le había tocado vivir, Alejandro decidió enfrentarse cara a cara con el hombre que, para bien y para mal, protagonizaba la historia europea a principios del siglo XIX: Napoleón Bonaparte.

La relación entre la Rusia de Alejandro I y la Francia imperial de Napoléon atravesó por un par de periodos de antagonismo y alianza antes de que ambas potencias decidieran enfrentarse en una invasión que resultaría brutal y legendaria. Fue en 1812 cuando Napoleón finalmente optó por lanzarse a la conquista de Rusia en una campaña militar que pondría a prueba la fuerza del ejército francés como ninguna otra en la historia humana. El emperador francés estaba decidido a acabar con la Rusia de los zares para consolidar su dominio europeo. Alejandro I enfrentaba, así, la posibilidad de la destrucción no sólo de su dinastía sino de su país. Al principio, todo parecía indicar que Napoleón lograría su cometido y abatiría el espíritu ruso. Pero el emperador francés no contaba con la fortaleza de Alejandro I, quien no cedió a la oferta de rendición e instó a su pueblo a resistir incluso evacuando Moscú para negarle la victoria a Napoleón, quien para entonces ya era el auténtico némesis del zar ruso. La estrategia de Alejandro I parecía una locura, pero al final resultó —por fortuna o coincidencia— una obra maestra. Acosados por el severo invierno ruso, y desprovistos de víveres, los franceses se vieron obligados a retroceder. Al final, más de 300 mil soldados de Napoleón murieron. En otra cifra que da cuenta del horror, el ejército invasor perdió más de 200 mil caballos. Alejandro I había logrado lo impensable: derrotar a Bonaparte. Napoleón no volvería a ser el mismo después del trauma de la gran invasión de 1812. Para el zar ruso, por el contrario, el triunfo significaría el principio de una nueva historia, en el fondo mucho más oscura que aquella que alguna vez había prometido el joven zar, idealista y liberal.

Como a veces ocurre en la guerra, la experiencia bélica dejó profundas heridas a Alejandro I. Como su padre, el Zar se volvió desconfiado. Quizá obligado por los tiempos, puso freno a un buen número de las reformas liberales que le habían caracterizado durante los primeros años de su reinado. Para tristeza de los rusos, que habían imaginado un destino muy distinto, Alejandro I comenzó a asumir posiciones autoritarias y conservadoras. Eso provocó que apenas unos años después de la magna victoria sobre Napoleón, algunos oficiales del ejército ruso comenzaran a conspirar en contra del Zar. Y aunque la conspiración no tuvo éxito alguno, el estado de ánimo de Alejandro I se había visto sacudido para siempre. Comenzó a buscar el consuelo de la religión y a compartir su deseo de desaparecer sin dejar huella. Varias veces se dijo perseguido por sus propios pecados e imaginó lo que sería empezar de cero, con algún oficio muy distinto al que la vida le había encomendado.

Fue así como, en 1825, cuando tenía apenas 47 años de edad (justo la edad que tenía su padre cuando había sido asesinado) Alejandro I invitó a su esposa, la hermosa emperatriz Elizabeth, a pasar unos días en el puerto sureño de Taganrog, sede de una célebre base naval rusa. Elizabeth estaba enferma y Alejandro quería llevarla a un lugar con brisa marina. Para muchos, sin embargo, las intenciones del zar eran muy distintas. Las versiones sobre lo ocurrido en Taganrog entre el zar y su círculo íntimo son muchas y contradictorias. Hay quien señala que el zar explicó sus intenciones de desaparecer a su esposa, quien con toda seguridad tomó a mal el extraño proyecto de su atribulado marido. De acuerdo con otras versiones, el zar dedicó varios días a poner en orden los asunto de Estado, incluida su propia sucesión. En otras palabras, Alejandro I de Rusia actuaba como un hombre que sabía que la muerte lo esperaba a la vuelta de la esquina. Eso, o un dramático engaño que le permitiría poner en práctica lo que para entonces ya parecía ser una auténtica obsesión. Dejar atrás sus obligaciones como soberano para buscar otra vida, muy distinta a la que había llevado hasta entonces. En cualquier caso, de acuerdo con la historia oficial, el zar Alejandro I de Rusia murió en Taganrog el 1 de diciembre de 1825 a causa de un ataque de malaria. La muerte del zar, sin embargo, marcaría el comienzo de un misterio apasionante y complejo.

La muerte de Alejandro I de Rusia está llena de incógnitas sospechosas. Las dudas de quienes sospechan que el zar ruso no murió aquel día en Taganrog sino que fingió su deceso para comenzar una nueva vida de incógnito están basadas en al menos dos líneas de investigación. La primera es el reporte de la autopsia practicada a los restos que supuestamente pertenecían a Alejandro I. De acuerdo con el informe de los expertos forenses, el cerebro del hombre fallecido presentaba huellas de sífilis. Ese simple hecho es ya suficiente para desatar un intenso debate. Resulta que, de acuerdo con el registro que aún se tiene de la salud del soberano de Rusia, Alejandro I no sólo no había sufrido de sífilis sino que había demostrado ser inmune. Ese dato fue suficiente para encender la imaginación de muchos. A eso habría que sumarle la reacción de prácticamente todos quienes vieron el cuerpo durante los días en que fue expuesto como marcaban las normas de la época. La leyenda cuenta que las dudas de sus allegados llegaron hasta los oídos de la madre del Alejandro, quien pidió ver el cuerpo en privado. Es imposible saber cuánto sabía la madre del zar, pero lo cierto es que, tras ver el rostro del hombre fallecido, dijo estar segura de que se trataba, en efecto, de su hijo. Pero eso, dicen los escépticos, no significa nada. Es enteramente posible que la reina madre supiera de los planes que tenía Alejandro de desaparecer. Después de todo, una madre es capaz de muchas cosas con tal de proteger a los suyos. Aún más extraña resulta la versión de que el ataúd de Alejandro I fue exhumado en al menos un par de momentos durante los siguientes cien años. Las dos veces, cuenta la leyenda, el féretro resultó estar vacío.

Años más tarde, a mediados del siglo XIX, cuando Alejandro tendría poco más de 60 años de edad, hizo su aparición Fiódor Kuzmich. La historia cuenta que dos hombres que habían servido en la Corte de Alejandro I fueron a visitarlo. De inmediato uno de ellos se hincó frente a Kuzmich. Lo tenía claro: aquel hombre recluido en Siberia no era un ermitaño ni un místico; era el zar Alejandro I de Rusia. Es imposible saber si Fiódor Kuzmich era realmente el mítico soberano de Rusia. Lo único cierto es que Kuzmich murió en 1864. Dijo tener 87 años de edad, justo la edad que, de haber vivido, habría tenido el zar ruso que derrotó a Napoleón y que, quizá cansado de la vida, decidió caminar por el sendero de lo desconocido después de haber conocido la gloria.

El "crimen perfecto" de
Leopold y Loeb

La mente criminal es un misterio. ¿Qué lleva a un ser humano a transgredir las normas establecidas en una sociedad? ¿De dónde surge el impulso para delinquir, para robar, para hacer daño a un inocente sin ninguna razón aparente? Para algunos, el delito es producto de la necesidad. Roban y le dan la espalda a la ley porque no encuentran otro camino para hacerse de recursos, para sacar adelante a los suyos, para sobrevivir. Algunos más violan la ley por enfermedad: auténticos sociópatas, manifiestan su incapacidad para vivir sanamente en sociedad a través del ejercicio, a veces brutal, de una vida dedicada al crimen.

Pero hay otro tipo de criminales. Son, tal vez, los más peligrosos. Se trata de delincuentes que actuan simplemente por vanidad, para demostrarse a sí mismos y al mundo una supuesta y malsana superioridad no sólo en comparación con sus víctimas sino con la sociedad en pleno. Es posible suponer que algo así le ocurrió, por ejemplo, a Charles Manson, el mesiánico líder de una banda de asesinos que aterrorizó Los Ángeles a finales de la década de los sesenta. A través de sus crímenes, Manson buscaba la posteridad, la morbosa inmortalidad que, por las peores razones, a veces otorga la sangre derramada injustamente. Pero hubo otros grandes narcisistas criminales mucho antes de Charles Manson. Quizá el caso más fascinante sea el de dos muchachos de extraordinaria inteligencia y preparación académica que conmocionaron a la sociedad de Chicago, Illinois cuando, en 1924, trataron, nada más por el gusto de poder presumirlo, de perpetrar el crimen perfecto sólo para encontrarse en una espiral de violencia que terminaría de la peor manera posible. Se trata de Nathan Leopold y Richard Loeb. La breve trayectoria criminal de esos dos jóvenes genios convertidos en criminales de la peor calaña representa, sin duda, la cumbre de la vanidad homicida.

El año era 1924. Nathan Leopold y Richard Loeb, dos jóvenes estudiantes universitarios, pasaban los días soñando con la posteridad. Hijos de dos familias acaudaladas y respetadas en el Chicago de principios de siglo, Leopold y Loeb habían tenido infancias privilegiadas. Y no era para menos. Los dos gozaban de cualidades extraordinarias. Leopold en particular había demostrado contar, desde muy pequeño, con una inteligencia muy superior al promedio. A la edad de 18 años hablaba cuatro idiomas y contemplaba una próspera carrera como abogado. Loeb, por su parte, era reconocido como uno de los estudiantes más extraordinarios de la universidad de Michigan. Ambos representaban, en más de un sentido, lo mejor de la sociedad de Chicago durante la era de la prohibición. Pero Leopold y Loeb, amigos desde la adolescencia, escondían un secreto macabro. Su éxito académico, notable capacidad intelectual y promisorio futuro social y económico simplemente no era suficiente para el par de muchachos. Ambos querían algo más: demostrar, a través de métodos poco convencionales, que eran la vanguardia de la sociedad de su tiempo.

Los jóvenes comenzaron a cometer algunos robos de poca monta para afinar sus habilidades criminales. Pero no estaban satisfechos. Leopold y Loeb querían algo grande, algo histórico que pusiera a prueba no sólo su intelecto sino su astucia. Fue así como idearon lo que ambos llamaron el crimen perfecto, un asesinato de alto perfil que les permitiera jugar no sólo con la opinión pública sino con las autoridades locales, tan cuestionadas entonces. Tras casi un año de cuidadosa planeación, Leopold y Loeb finalmente acordaron que la víctima sería un inocente muchacho de apenas 14 años llamado Bobby Franks, vecino e incluso familiar de Loeb.

Leopold y Loeb comenzaron a llevar a cabo su plan para perpetrar el crimen perfecto a mediodía del miércoles 21 de mayo de 1924. Lo tenían claro: secuestrarían a Bobby Franks, un adolescente de 14 años de edad hijo de una familia adinerada, lo matarían, se desharían del cuerpo en una zona desierta, pedirían rescate, lo cobrarían y se dedicarían a burlarse de los intentos fútiles de las autoridades para tratar de encontrar a los responsables de la fechoría. Estaban convencidos de que su proyecto criminal estaba diseñado a la perfección. La muerte de Bobby Franks pasaría a la historia como un crimen sin resolver, obra de algún genio en el arte delincuencial.

Aquella tarde, Leopold y Loeb se acercaron al pequeño Franks mientras caminaba rumbo a su casa tras un día de labores escolares. Franks seguramente reconoció a Loeb, su vecino, y se metió al auto donde perdería la vida. Después, Leopold y Loeb se dirigieron a la zona alrededor del lago Wolf, un lugar que Leopold conocía bien dada su afición por la ornitología, la observación de aves en estado silvestre. Ahí, en el alcantarillado alrededor del lago, los dos criminales aventaron el cuerpo del desdichado Bobby Franks. Después llamaron a los padres del muchacho para avisarles que su hijo había sido secuestrado y enviaron por correo prioritario una nota de rescate donde le explicaban a la familia Franks los pasos a seguir. Acto seguido, ya en casa de uno de ellos, quemaron parte de su ropa, que había quedado ensangrentada, y dedicaron el resto de la noche a jugar cartas. Pensaban que todo saldría de acuerdo a lo planeado. Ambos jóvenes asesinos creían haber evitado cualquier error; lo suyo, pensaban, era una atrocidad blindada por todos lados.

Estaban muy equivocados. De hecho, prácticamente todo el proyecto criminal de Leopold y Loeb se vendría abajo como un castillo de naipes. La implosión del plan detrás del rapto y muerte de Bobby Franks comenzaría con el descubrimiento del cuerpo del muchacho, apenas unas horas después del crimen. Con la muerte confirmada del niño, aquello se convirtió en una búsqueda frenética. Leopold y Loeb estaban seguros de haber dispuesto de cualquier rastro, incluso limpiando cuidadosamente el auto rentado en el que habían matado a Franks. Pero no contaban con el azar. La suerte no estaría de su lado mucho tiempo. Por la mañana, alrededor del lugar donde habían hallado el cuerpo inerte de Bobby Franks, la policía descubriría un vestigio de evidencia que los llevaría de inmediato hasta la puerta de Nathan Leopold.

Al principio de su investigación, la policía encargada del caso del rapto y asesinato de Franks contaba sólo con dos piezas de evidencia: la carta de rescate escrita a máquina y un objeto más, que demostraría ser crucial. Los agentes habían encontrado un par de lentes circulares con características muy peculiares en la escena del crimen. Como las gafas eran claramente para adultos, la autoridad concluyó que podían pertenecer al asesino de Bobby Franks. Los lentes eran comunes y corrientes salvo por un peculiar mecanismo en las bisagras. La policía encontró el registro de venta de este tipo de anteojos en Chicago y descubrió que sólo tres pares se habían vendido en los últimos tiempos. Uno de ellos era de Nathan Leopold.

Cuando la policía se presentó en casa del joven Leopold, la sorpresa del asesino debió ser mayúscula. Seguramente se preguntó cómo era posible que la policía hubiera dado con él en tan poco tiempo. El asombro debe haberse convertido en molestia cuando la policía le informó del hallazgo de los lentes. Nathan Leopold, el supuesto genio, había cometido un error del que se reiría incluso un principiante: había dejado caer sus lentes en la escena misma de la fechoría. Aun así, aquel no fue el punto de inflexión definitivo del caso. Astuto, Leopold aceptó que las gafas eran suyas, pero sugirió a las autoridades que quizá las había perdido tiempo atrás durante una de sus expediciones a la zona. Era, dijo, sólo una coincidencia. Pero la suerte de Leopold y su cómplice se terminaría rápidamente. Los asesinos habían cometido otro error garrafal. Durante los primeros interrogatorios habían asegurado contar con una coartada: habían salido por la tarde con el auto de Leopold. Para su desgracia, el chofer de Leopold no tardó en explicarle a la policía que el auto en cuestión había estado en reparación el día del incidente. Aquella sería la mentira definitiva. Los dos jóvenes criminales fueron interrogados por separado. Loeb fue el primero en confesar y Leopold lo hizo al poco tiempo. Los dos, sin embargo, trataron de culpar al otro del acto mismo del asesinato de Bobby Franks. Tras las confesiones de los dos criminales, la fiscalía de Chicago estableció un calendario para el juicio. Parecía que aquello sería el final del escándalo sangriento de Leopold y Loeb. Pero el proceso judicial sería un espectáculo aparte, quizá la primera gran muestra del poder no sólo de la celebridad sino del dinero en la búsqueda de la justicia. El juicio de Leopold y Loeb, cautivó a una nación entera.

Después de la confesión de los jóvenes asesinos, las familias de ambos muchachos se dieron cuenta de que sería prácticamente imposible evitar que fueran a dar a la cárcel y enfocaron sus baterías en tratar de salvarles la vida. Para ello, la familia de Loeb consiguió los servicios del abogado Clarence Darrow, quizá el penalista más célebre de su tiempo, especializado precisamente en librar de la horca a sus clientes. Darrow convenció a los muchachos de que se declararan culpables. Al hacerlo, garantizó que, dadas las leyes de aquel entonces, el juicio se llevara a cabo frente a un juez y no frente a un jurado. Darrow calculaba que dado el alto perfil del caso, un jurado probablemente condenaría a muerte a sus defendidos mientras que un juez podría resultar más fácil de convencer. Tuvo razón. Al final, Darrow pintó a Leopold y Loeb como dos muchachos confundidos que, en el fondo, actuaron de manera impulsiva y febril. El juez envió a los dos jóvenes a la cárcel de por vida.

Richard Loeb encontraría un desenlace salvaje para su vida apenas unos años más tarde cuando otro preso lo atacó a navajazos en una regadera. Herido más de 50 veces, Loeb se desangró. Nathan Leopold corrió mejor suerte. En 1958, después de más de tres décadas en prisión, obtuvo su libertad. En

1959, apenas unos meses después de que Leopold saliera de prisión, el director Richard Fleischer llevó a la pantalla su famosa cinta *Compulsion*, basada en los hechos de aquel fatídico día a principios de 1924. Leopold trató de impedir su exhibición, pero fracasó rotundamente. Perseguido por la prensa, decidió mudarse a Puerto Rico, donde escribió sus memorias y contrajo matrimonio. En su libro, Leopold recordaba a su cómplice Loeb como su mejor amigo y, a la vez, su enemigo más grande. "Mi amistad con él me costó la vida misma", escribió. Nathan Leopold disfrutó de la libertad sólo 13 años. Murió en 1971 de un ataque cardiaco, su nombre quedó manchado para siempre con la sangre de un niño inocente.

Bibliografía

bibliografía

ARO, PAUL. *Unsolved Mysteries of American History: An Eye-Opening Journey through 500 Years of Discoveries, Disappearances, and Baffling Events*. Estados Unidos: Wiley, 1998.

CAMPBELL, STEUART. *The Loch Ness Monster: The Evidence*. Nueva York: Prometheus, 1997.

CROFTON, IAN. *The Disappeared: The stories of 35 historical disappearances from the Mary Celeste to Jimmy Hoffa*. Quercus, 2006.

CHILDRESS, DAVID. *Lost Cities of Atlantis, Ancient Europe & the Mediterranean*. Adventures Unlimited Press, 1995.

HAINING, PETER. *The Mammoth Book of Haunted House Stories*. Nueva York: Running Press, 2005.

HAMILTON, JUDY. *Scottish Myths and Legends*. B & W, 2009.

HORN, JAMES. *A Kingdom Strange: The Brief and Tragic History of the Lost Colony of Roanoke*. Nueva York: Basic Books, 2010.

JOSHI, S.T. (ed.) *Encyclopedia of the Vampire: The Living Dead in Myth, Legend, and Popular Culture*. California: Greenwood, 2010.

JOYCE, JUDITH. *Weiser Field Guide to the Paranormal, The: Abductions, Apparitions, ESP, Synchornicity, and More Unexplained Phenomena from Other Realms*. San Francisco: Weiser, 2010.

KEEL, JOHN. *The Mothman Prophecies*. Nueva York: Tor Books, 2002.

LEVY, ADRIAN. *The Amber Room: The Fate of the World's Greatest Lost Treasure*. Nueva York: Walker & Company, 2004.

MACLEOD, ROY. *The Library of Alexandria: Centre of Learning in the Ancient World, Revised Edition*. Nueva York: I.B.Tauris, 2004.

MILLER, ELIZABETH. *Bram Stoker's Dracula: A Documentary Journey into Vampire Country and the Dracula Phenomenon*. Pegasus, 2009.

RAPPOPORT, A.S. *The curse of the Romanovs: a study of the lives and reigns of two tsars: Paul I and Alexander I of Russia: 1754-1825*. Cornell University Library, 2009.

SAUNDERS, NICHOLAS. *Alexander's Tomb: The Two-Thousand Year Obsession to Find the Lost Conquerer*. Nueva York: Basic, 2007.

SAWYER, J.F. *Deliver Us From Evil: True Cases of Haunted Houses and Demonic Attacks: Taken from the files of Ed and Lorraine Warren Demonologist and Medium*. Islas Canarias: Omnimedia, 2009.

STEIGE, BRAD. *Gale Encyclopedia of the Unusual and Unexplained*. Gale, 2003.

WESTWOOD, JENNIFER (ed.) *The Atlas of Mysterious Places: The World's Unexplained Sacred Sites, Symbolic Landscapes, Ancient Cities, and Lost Lands*. Grove, 1987.

WILKES, ROGER (ed.) *The Mammoth Book of Unsolved Crime: The Biggest and Best Collection of Unsolved Murder and Mystery Cases.* Nueva York: Running Press, 2005.

WILLIAMS, HUGH. *Who was the Man in the Iron Mask? And Other Historical Mysteries.* Penguin Classics History, 2002.

Este libro se terminó de imprimir en el mes de
octubre de 2011, en Edamsa Impresiones S.A. de C.V.
Av. Hidalgo No. 111, Col. Fracc. San Nicolás Tolentino C.P. 09850,
Del. Iztapalapa, México, D.F.